사르비아 총서 · 401

효

효 에세이 32인집/피천득 · 김형석(외)

범우사

차 례

▨ 이 책을 읽는 분에게 · 5

서 문 · 7

그 날/피천득 · 15
낙엽에 부치고 싶은 마음/김형석 · 19
효심/안병욱 · 26
나의 어머니/한승헌 · 30
어머니의 참모습/정진권 · 35
나의 후원자 우리 어머니/박청수 · 41
떡 국/강호형 · 46
사십구일재/이정림 · 51
충효사상/윤태림 · 58
참회록/정태시 · 69
효/이응백 · 73
어머니/김남조 · 78
어버이사상/서정범 · 82
한국인의 효/최신해 · 87
어머니 회상/이숭녕 · 93

간병만필／김정한 · 101
내리사랑 치사랑／전택부 · 106
연포에서 어머니께 드립니다／남광우 · 113
효와 교육／최태호 · 119
효도 수제／이상보 · 124
어머니와 담배／공덕룡 · 131
의문이망(倚門而望)／김병규 · 134
네 번 여읜 할머니／김열규 · 140
효도 유감／정봉구 · 146
책장을 뒤지다가／신상철 · 151
노을에 띄운 사연들／허세욱 · 154
담쟁이 사연／박연구 · 161
딸이 그리는 모상／정양완 · 167
한 여걸의 이야기／김동길 · 184
한국의 설리번／김기창 · 197
보살 할머니／이진섭 · 209
나의 어머니／윤형두 · 221

이 책을 읽는 분에게

어버이에게 불효한 사람이 나라에 충성을 할 수 있다고는 보기 어렵다. 요즈음 충효(忠孝)에 대한 캠페인이 일고 있음은 그만큼 불효·불충한 사람들이 적지 않다는 증좌가 아닐 수 없다.

효와 충이란 강조한다고 되는 일이 아니다. 하지만 이 나라의 내일을 담당할 청소년들에 대해서는 무엇보다도 충효 교육이 시급한 까닭에 주로 교육에 종사하고 있거나 관심이 깊은 분들의 효에 대한 에세이를 묶어 한 권의 책을 만들게 된 것이다.

순수한 수필 작품으로 쓴 것, 여성 잡지의 '나의 어머니'란 기획 특집에 쓴 것, 또는 충효에 대한 소논문도 포함시켰다. 동서 고금의 효에 얽힌 일화, 자신의 어버이에게 못다한 불효의 뉘우침 등을 설득력 있는 필치로 쓴 글들이기 때문에 쉬 공감하게 될 뿐만 아니라 좋은 수필집을 읽는 흐뭇함마저 느끼게 될 것임을 확신한다.

어버이날만 효를 상기해야 하는 것도 아니고, 효에 대한 캠페인이 일어나야만 새삼스럽게 효가 어떤 것인지 깨닫게 되는 것이 아닐진대, 어버이 없이 태어난 사람이 없는 이상 '효는 온갖 행실의 근원이 된다'고 한 말에 누구나 수긍할 것이다.

　이 책이 현대의 '효경' 구실을 해주었으면 하는 마음 간절하다.

편 집 부

▮서문▮

효의 현대적 의미를 찾아서

김 형 석
(철학자·수필가, 전 연세대 교수)

　효의 정신과 윤리의식이 동양사회에서 얼마나 큰 비중을 차지해 왔는가는 우리 모두가 잘 알고 있다. 지금에 이르러서는 중국이나 일본보다도 우리 사회 특히 대한민국이 세계에서 가장 효를 많이 말하고 가르치는 사회가 된 것 같다.
　중국과 북한은 사회주의 정책을 펴는 동안에 효라는 가정윤리를 약화시켰고 일본은 우리보다 일찍 서구화 문명을 받아들이면서 전통적인 가정윤리의 변화를 가져 왔다. 그러나 우리는 조선왕조 5백년 동안 유교전통을 이어왔고 그것이 교조주의적 성격을 띠면서 효에 대한 관심과 교훈은 여전히 계승되어 왔다.
　그러나 최근에는 젊은 세대들이 기성세대가 요구하는 효의 사상이나 보수적인 사고의 틀을 지키려 하는 지도층의 효의 정신적 울타리를 벗어나려는 움직임이 보편화되고 있다. 외국 어디에 가도 우리와 같은 효문화가 보이지 않으며 효가 미래지향적인 가치관으로 타당한가를 자성(自省)해 보는 자세가 강해지고 있다.

거기에는 몇 가지 이유가 있다.

가정보다는 국가적 삶이 더 큰 관심을 모으고 있으며 세계화 풍조가 우리를 국제무대로 손짓하고 있는데 농경사회의 가족문화 유산인 효를 어디까지 끌고 갈 수 있는가 하는 회의감 때문이다. 세계와 역사는 개방적이며 진취적인 변화를 거듭하고 있는데 효가 차지할 위상도 달라져야 한다는 인식인 것이다.

또 동양의 부자유친(父子有親)이라는 근원적인 가족관계는 대화가 있고 효를 받기보다는 대화를 통해 가정적 발전을 도모하는 것이 동서양에 통하는 가치의식으로 되어 있는데 유독 우리만 부모와 자녀관계를 평등관계보다 유교적인 상하관계로 이끌어가려는 노력이 정당한가 하는 문제의식을 불식할 수가 없는 것도 사실이다.

특히 서구사상과 기독교정신이 유입되면서는 미래지향적인 가정윤리와 사회적 책임을 감당하는 가족관계로 발전해야 하는데 과연 효의 정신이 그 임무를 다할 수 있는가 하는 문제가 제시되고 있는 것도 사실이다.

그리고 젊은 세대들에게 물어보라. 지금 우리 사회의 많은 병폐가 건전하지 못한 가정에서 비롯된다는 것은 사실이다. 그러나 그 책임이 부모들에게 있는가 아니면 자녀들에게 있는가고 묻는다면 부모가 제구실을 못했기 때문에 발생하는 사례가 더 많지 않은가. 부모의 의무와 책임을 묻지 않고 자녀들과 젊은 세대들에게만 효를 강요한다면 원만한 가정과 가족관계가 이루어질 수 있겠는가.

이런 사실들을 솔직히 인정하고 받아들일 수 있다면 전통적이며 인습적인 효의 관념에도 상당한 발전적 변화가 요청된다는 생각을 하지 않을 수 없다. 사실 지성인들이나 교육자들은 자기 아들 딸들에게는 '효도를 하라'는 말을 하지 않는 것이 보통이다. 그러나 밖에 나가서는 효도를 강조하며 요청하곤 한다. 나도 여러 자녀를 키워왔다. 그러나 한번도 나와 어머니에게 효도하라는 말은 해본 바가 없다.

내가 내 부모에게 어떻게 하고 있는가를 보여주면 되기 때문이다. 또 부모다운 부모는 자녀들의 존경과 감사의 마음을 받도록 행동하면 되는 것이다. 효는 언제나 말보다 모범을 보여주어야 하며 자녀들에게 줄 것을 주기 때문에 자연스러히 받게 되는 것이다. 자녀들의 존경도 받지 못하며 감사의 대상도 되지 못하면서 효를 말하거나 가르치는 것은 형식적 규범에 치우쳐 우리를 위선으로 이끌어 갈 수도 있다.

그렇다면 우리 사회에서 소망스러운 효의 열매를 거두는 길은 무엇인가.

진정한 효도는 인류가 존속하는 동안 언제 어디서나 필요하며 또 존재할 수밖에 없다는 사실을 인정해야 한다. 그리고 인생을 값있게 살며 행복과 성공을 찾아 누린 사람들은 모두가 효를 따르며 지킨 인물들임을 알아야 한다.

인간은 세상에 태어날 때부터 생존과 삶의 의미를 부모로부터 물려받고 그것을 후손들에게 물려주도록 되어 있다. 그 일이 거듭되는 동안은 인간적 삶의 내용이 풍부해지며 정신적인 발전이 이루어지는 것이다. 그 면면이 이어지는 가족관계의 한 마디씩을 차지하는 것이 인생이다. 그러므로 삶의 근원을 제공해준 부모에게는 사랑과 존경의 뜻을 갖게 되며 삶의 흐름을 이어주는 자녀들에게는 사랑과 희망의 기대를 갖는 것이 인간이다. 이때 부모에 대한 사랑과 존경의 뜻을 찾아 실천하는 것을 예로부터 효로 보아 온 것이다. 그렇다면 효와 그 정신을 외면하거나 멀리하는 것은 인간의 도리를 거부하는 것과 다를 바가 없다. 오히려 부모의 선한 정신과 의지를 받아 더 높고 값있는 방향으로 증진시켜 가는 것이 참다운 삶이며 거기에 행복과 성공의 열매가 따르게 되어 있다.

또 자녀들은 부모의 사랑이 얼마나 절대적인가를 배우고 깨달아야 한다. 이 세상에서 자신의 생명이나 삶보다도 자녀들을 더 사랑하는 것이 부모의 심정이다. 나이 들수록 부모는 자녀들을 위해 희생할 수 있음을 기쁘게 여기는 법이다. '이제는 내가 가야 너희들의 생활이 편해지겠다'면서 눈을 감는 부모들의 마음을 헤아려 보아야 한다. 나는 '내가 가면 집이 비어서 어떻게 하지'라면서 눈을 감으시던 어머니의 유언을 잊지 못하고 있다.

그래서 자식을 낳아 키워보지 못한 사람은 부모의 사랑을 깨닫지 못하며 효의 정신이 무엇인지를 모른다. 바람이 부니 나무가 흔들리지 않을 수 없고, 효를 하고 싶을 때는 이미 부모가 계시지 않는다는 시구가 받아들여지는 것이다. 그런 부모의 희생적인 사랑에 보답하려는 마음과 뜻과 행위를 우리는 효라고 부르는 것이다. 그래서 사랑은 권위로우며 절대적인 것이다.

부모와 자녀 간에 때로는 의견충돌도 있고 갈등도 생긴다.

그러나 그것들은 사랑이 깊어지기 위한 일시적인 현상일 뿐이다. 그렇다고 부모의 사랑이 줄어들거나 사라지는 것은 아니다.

우리가 효의 가정을 초월한 사회적 의미를 부여하는 것은 세상의 모든 어른들은 부모를 대신할 수 있고 청소년들은 어른들의 입장에서 볼 때 자녀로 보여지기 때문이다. 그래서 낳아 준 부모가 아닌 어른들을 부모로 삼기도 하며 혈육이 아닌 어린이들을 자녀로 삼는 일이 점점 늘어나고 있다. 혈육 못지않게 중요한 것은 사랑의 유대이기 때문이다. 사랑을 갖춘 모든 어른들이 보면 어떤 청소년들도 자녀 같아지고 사랑을 받는 청소년들은 어른들을 부모와 같이 받아들이는 것이다.

만일 이런 사랑의 뜻이 이어진다면 가정윤리였던 효가 사회윤리로 확대될 수도 있다.

우리는 가정들이 합쳐 사회가 되며, 선한 사회의 세포가 되는 것은 가정이라고 믿고 있다. 우리 가정이 확대되어 우리 민족과 사회가 된다는 신념을 갖는다면 우리는 부모로부터 이어받은 선한 교훈과 전통을 사회를 위해 이바지하도록 노력하며 그렇게 함으로써 가정의 보람과 영광을 더하게 된다. 그 정신적 유산도 부모로부터 물려받는 것이며 사회에 기여하는 노력도 가정의 성스러운 의무인 것이다.

이렇게 본다면 내가 할 수 있는 사회적 봉사도 부모로부터 물려받은 삶과 정신적 유산인 것이다. 그래서 큰 일을 한 이들은 효의 길을 걸어온 사람들이며 우리는 부모에게 보답하지 못한 존경과 감사의 뜻을 사회와 역사에 보답하게 되는 것이다. 나 자신도 지금은 계시지 않은 부모님에게, '주신 뜻을 보답할 길이 없어 더 열심히 이웃과 사회에 봉사하겠습니다' 는 다짐을 해보는 때가 있다.

  나의 삶과 그 의미는 부모로부터 받아 이웃에게 전하는 의무로 채워져 있기 때문이다.

2001년 6월 신개정판에 부쳐 —.

효

그 날

피천득

　읽던 글을 멈추고 자기의 과거를 회상하는 일이 있다. 또 과거를 회상하다가 글에서 읽은 장면을 연상하는 적도 있다. 나는 〈아버님의 병환〉이라는 루쉰〔魯迅〕의 글을 읽다가 50여 년 전 그날을 회상하였다. 엄마가 위독하시다는 전보를 받고 나는 우리 집 서사(書士) 아저씨와 같이 평양 가까이 있는 강서(江西)라는 곳으로 떠났다.
　나는 차창을 내다보며 울었다. 아저씨가 나를 달래느라고 애쓰던 것이 생각난다. 울다가 더 울 수 없으면 엄마 생각을 했다. 그러고는 또 울었다. 그러다가 울음이 좀 가라앉았을 때 나는 멀리 어린 송아지가 엄마소 옆에 서 있는 것을 바라보았다. 왠지 그 송아지가 몹시 부러웠다. 기차는 하루 온종일 달렸다. 산이 그렇게 많은 줄은 몰랐다. 평양은 참 먼 곳이었다.

皮千得(1910~　　) : 영문학자·수필가. 서울대 교수 역임.

오후 늦게야 평양에 도착하였다. 기차에서 내려 역 앞에서 기다리고 있던 강서행 역마차를 탔다. 텁석부리 늙은 마부는 약수터에 와 계신 서울댁 부인을 알고 있었다. 그는 안됐다는 듯이 입맛을 쩝쩝 다셨다. 늙은 말은 빨리 달리지를 못하였다. 이 세상에서 제일 느린 말이었다. 이렇게 느린 말은 오랜 후에 내가 커서 읽은 〈데이비드 코퍼필드〉 속에만 나온다. 바키스라는 시골 마차 마부도 어린 데이비드에게 불행한 엄마의 소식을 미리 알려준다. 윤이 나는 긴긴 머리, 그리고 나이보다 젊어 보이는 데이비드의 홀어머니, 그도 아름다운 엄마였다. 소설을 읽고 있던 내 눈에서 뜨거운 눈물이 흐르고 있는 것을 느꼈다. 어린 시절로 돌아간 나는 데이비드와 같이 울고 있는 것이었다.

강서 약수터, 엄마가 유하고 있던 그 집 앞에서 마차를 내리자 나는 '엄마!' 하고 소리를 지르며 뛰어들어갔다. 엄마는 눈을 감고 반듯이 누워 있었다. 내가 왔다는 데도 모른 체하고 누워 있었다. 나는 울면서 엄마 팔을 막 흔들었다. 나는 엄마를 꼬집었다. 넓적다리를, 팔을, 힘껏 꼬집었다. 엄마는 꼼짝도 하지 않았다. 나는 엄마 얼굴에 엎어져 흐느껴 울었다. 엄마의 뺨은 차갑지 않았다.

나는 이때의 안타까움을 수십 년 후에 내가 본 영화 〈엄마 찾아 삼만리〉에서 다시 느꼈다. 주인공의 이름은 물론 배우 이름도 잊어서 그저 '아이'라고 부르겠다. 그 아이는 많은 고생을 겪은 뒤에 마침내 엄마를 찾게 된다. 그러나 '엄마!' 하고 소리를 지르며 달려들었을 때 엄마는 자기 아이를 알아보지 못한다. 하얀 시트와 같은 엄마는 모든 기억을 상실하고 있었다. 그때 그 아이의 표정! 그 아이의 눈 속에서 나는 어린 나를 다시 발견하고 울었다. 그래도 그 아이의 엄마는 얼마 후 다시 기억을 회복하였다.

우리 엄마는 내 이름을 부르면서 의식을 잃어버렸다고 한다. 나는 울다가 엎드린 채 잠이 들어버렸다. 그날 밤 시골 사람들이 나를 일으키며 나쁜 아이라고 야단을 하던 것이 기억난다. 엄마는 어두운 등잔불 밑에서 숨을 거두었다.

아빠가 돌아가신 후에 엄마는 얼굴 화장을 아니한 것은 물론 색깔 있는 옷이나 비단을 몸에 대는 일이 없었다. 사람들이 자기를 보고 감히 이쁘다고 하면 그런 말을 듣는 것이 죽은 아빠에게 미안하고 무슨 죄라도 짓는 것 같았을 것이다. 그리고 그의 수절을 의심하며 바라다보는 사람은 하나도 없었을 것이라고 믿는다.

그러나 엄마는 늘 건강이 좋지 못하였다. 아빠가 밤마다 꿈에 찾아온다는 말을 하였다. 엄마는 나날이 여위어갔다. 엄마는 저고리 옷고름에 달린 은장도(銀粧刀)를 밤이면 머리맡에다 놓고 잤다. 그러나 효과는 없었던 것 같다. 녹용을 넣은 보약을 지어다 잡숫기도 하였다. 그것도 효험이 없었다. 양의(洋醫)의 치료를 받기 위하여 남대문 밖에 있던 세브란스 병원에 입원을 하였지만 거기서도 건강은 회복되지 못하였다.

마침내 엄마는 약수를 먹이본디고 강서로 갔었던 것이다. 아마 자기가 세상 떠날 것을 알고 고향인 평양으로 가시지 않았나 한다. 평양 사람이 타향에서 죽게 되면 머리를 평양 쪽으로 두고 죽는다는 말이 있다.

내가 아까 읽고 있던 노신의 글 〈아버님의 병환〉은 이렇게 끝을 맺는다.

연부인〔衍太太〕은 경문(經文) 사른 재를 종이에 싸서 아버지 손에 쥐어드리며 나보고 "아버지" 하고 불러드리라고 재촉하였다.

"아버지는 이제 숨을 거두실 게다, 어서!"

했다. 나는,

"아버지! 아버지!"

소릴 내서 불렀다.

"더 크게, 어서."

"아버지! 아버지!"

평온하던 아버지의 얼굴은 긴장되고 눈이 약간 움직이며 괴로워했다.

"아, 어서. 또, 빨리!"

나는,

"아버지!"

또 계속해 불렀다. 숨을 거두실 때까지. 지금도 그때의 내 목소리가 들린다. 그 소리가 들릴 때마다 나는 문득 그것이 내가 아버지를 대한 최대의 잘못이었던 것을 깨닫는다.

엄마가 의식이 있어 내가 꾀집는 줄이나 아셨더라면 '나도 마지막 불효라도 할 수 있었을 것을' 하고 생각해본다.

낙엽에 부치고 싶은 마음

김 형 석

　효(孝)는 인간의 대륜(大倫)이라고 한다. 우리들이 가정 생활을 영위하고 있는 한 부모에 대한 효도만큼 귀한 일은 없을 것이다. 가정 윤리를 중심으로 삼는 동양 도덕은 말할 것도 없지만, 서양 윤리의 원천이 되어 있는 성서에도 부모를 공경하며 그 뜻을 준행하는 이가 땅에서 복을 받는다고 가르쳐주었다. 효가 얼마나 존귀한가 하는 것은 더 말할 필요도 없다.
　나는 어렸을 때 부모에게 효를 다해야 한다고 배웠다. 중학교에 다니면서 유교의 교훈을 들을 때도 효의 존엄성을 가슴 깊이 깨달은 것 같았다.
　그러나 한 번도 효다운 효를 해본 일이 없이 오늘에 이르렀다. 오히려 요사이는 부모를 사랑하며 효를 다한다는 것은 거짓에 가까울 정도로 불가능한 일이며, 밑으로 자식들을 사랑하는

金亨錫(1920～　　) : 철학자·수필가. 연세대 교수 역임.

것이 효를 대신하는 일이 아닌가 하고 생각할 정도로 효에 대한 관점은 바뀌고 있으며 효의 불가능함을 깨닫기 시작하고 있다.

나이 20이 되기까지는 자기 자신도 모르는 생활을 하고 있었으니 효를 지킨다는 일은 거의 불가능한 셈이었다. 그런데 나는 20이 되면서 몇 해 동안 공부를 한답시고 그나마 부모의 슬하를 떠나 있었으니 효의 길은 끊어지고 만 셈이었다.

부모님에게 효를 할 수 있었던 유일한 기회는 해방을 전후한 3년 동안이었다. 그러나 해방 전 1년은 나 자신의 불우한 처신을 거들지도 못한 형편이었다. 해방 후 1년간은 해방의 환희에 휩싸여 무엇인가 해보느라고 부모님을 돌보아 드릴 여유조차 없었다.

해방 2년 뒤 나는 아직 첫돌도 채 되지 못한 아들을 업고 아내와 같이 38선을 넘어야 했다.

낮에 온 가족이 모여서 마지막 기도를 드렸다. 아들과 손자를, 사선을 넘어보내는 부모는 시종 말이 없었다. 어머니는 눈물만 흘리고 있었고 아버지는 아무 말도 못 하고 있었다. 소나무 밑 좁은 오솔길을 걸어 떠났다. 어머니는 멀리까지 치맛자락을 적시며 바라보고 있었다. 그러나 부친은 흐르는 눈물을 닦지도 않았다. 아들, 며느리, 손자가 보이지 않게 될 때까지 부모님은 서서 눈물을 흘리고 있었다.

나는 지금도 그때 일을 생각하면 가슴이 무거워진다. 9·28 때 잠시 평양을 다녀왔기 때문에 나는 부친을 몇 날 뵈올 수가 있으나 부친은 종내 며느리와 손자를 대할 기회를 땅 위에서는 잃고 말았다. 생각하면 불효한 자식이었다. 100번 눈물을 흘린다고 부친의 그 뜻을 짐작이나 할 수 있을까.

중공군이 남하한다는 소식을 들은 부친은 자유의 나라 남한을 향해 떠났다. 늙은 몸과 피곤한 다리를 끌면서 해주로의 길을 택했던 모양이다. 아들과 손자들이 있는 남한을 찾아 떠났던 것이다. 그러나 그 뜻은 수포로 돌아갔다. 길은 막히고 자식들을 찾을 가망은 없어지고 말았다. 부친은 산 속에 있는 텅 빈 오막살이로 되돌아갔다.

그 뒤의 소식은 알 수가 없다. 봄볕이 찾아들어도 남쪽 하늘을, 단풍잎이 굴러와도 자식들의 생각으로 일어날 부친을 생각하면 가슴이 아파진다. 그 약한 몸으로 아직도 생존해 계시는지 알 길조차 막연하다. 맏자식으로 태어나 부친의 임종마저 보아드리지 못한 불행한 아들이 되어버렸다.

그러니 나에게 100의 뜻이 있고 1000의 용기가 있은들 무엇하랴. 용서와 속죄를 빌고 싶은 마음뿐이다. 옛 노래에 '바람이 부니 나무가 흔들리지 않을 수 없고, 부모가 계시지 않으니 이제 그 뜻을 어이하리'라는 말이 있지만 그 애절한 심정이 나의 것으로 변할 줄은 생각조차 해보지 못했다.

아무리 생각해도 나는 효를 못한 불행한 자식이다. 그렇게 생각하면 할수록 지난날들의 기억이 꼬리를 물고 되살아난다.

어렸을 때 이야기다. 모친이 밭으로 나가면 집에는 나와 부친만이 남는다. 부친은 나를 혼자 버려둘 수 없기 때문에 같이 산으로 나무를 하러 가자고 타이른다. 그러나 소나무 우거진 산에서 혼자 쓸쓸한 시간을 보내는 것을 싫어했던 나는 집에 남든지 동리 아이들과 놀러가는 편을 즐기곤 했다. 그렇게 되면 으레 부친은 두 가지 조건을 제시하는 것이었다. 산에까지 지게에 태워준다는 것과 옛이야기를 들려준다는 약속이었다.

흔들거리는 지게를 타고 산에 올라가는 재미도 좋았지만 쉬는 틈을 타서 들려주는 옛이야기는 더욱 즐거웠다. 부친은 주로 석가님, 공자님, 예수님 이야기를 해주었다. 그러고는 일본이 어떻게 우리 민족을 불행하게 만들었는가 하는 이야기도 들려주었다.

이야기 시간을 제외하고는 긴긴 시간을 혼자서 나무 밑 바위에서 보내야 한다. 해가 서산에 비끼고, 포플러 그림자가 길게 드리우면, 나는 아버지의 뒤를 따라 집으로 돌아온다.

저녁을 끝낸 뒤에는 곧 어머니 무릎에서 잠드는 것이었다.

그 뒤 나는 자라서 청년이 되고 장년이 되었다. 그런데 나이 들수록 인생은 고독하고, 많은 일에 부딪칠수록 인간은 더욱 피곤해지는 모양이다. 오늘도 가능만 하다면 한 번 더 아버지의 지게를 타고 산으로 올라가 보고 싶다. 그러고는 그 뒤 누구에게서도 들을 수 없었던 귀한 옛날 이야기를 아버지에게서 한 번만 더 들을 수 있다면…….

그러나 모두가 부질없는 생각이다. 나는 이미 나이들었고 부친은 여기 계시지 않는다. 요사이 몇 달 동안은 꿈에도 나타나지를 않는다.

부친은 불행한 청소년기를 보냈다. 학교라고는 다녀본 일이 없었고 따뜻한 어머니의 사랑을 받은 일도 없었다. 그러나 청년기에 자습으로 글을 배웠고 무척 많은 책을 읽었다. 성경만도 모두 일곱 번을 통독하였다고 들었다.

그렇기 때문에 부친은 책을 무척 좋아했고 기회만 있으면 나에게 좋은 책을 쓰는 일이 무엇보다도 귀한 일이라고 타이르곤 했다. 누구에게 이야기는 안 했지만 '저놈이 이 다음에 자라서 책이라도 한 권쯤 써주겠는지?' 생각하였을 것이다. 부친의 평생 소원이었고, 당신이 다시 세상에 태어날 수 있다면 유일한 희망이 그것이었을지도 모른다.

그러므로 내가 대학으로 고학의 길을 떠날 때도 가장 만족해했고, 철학과에 적을 두었다고 보고드렸을 때는 무척 기뻐하기도 하였다.

나는 여러 해 전 나의 처녀 저서로 《철학개설》을 출판했다. 그 책의 서문을 쓰면서 나는 몇 번 눈물을 흘렸다. 그 책은 부친에게 드리고 싶은, 또 드려야 할 책인데 부친은 여기 계시지 않는다.

친지들이 출판기념회를 갖자고 청해왔으나 나는 굳이 사양했다. 부친께 드리지 못할 책을 어떻게 나 자신의 기쁨으로 바꿀 수 있겠는가. 그 뒤 나는 여러 권의 책을 내놓았다. 그러나 그때마다 쓸쓸한 생각은 누를 수가 없었다. 모두가 부친에게 바쳐졌으면 싶은 책들이다.

요사이 나는 종교 강연집을 정리하고 있다. 가까운 시일에 책이 될 것으로 믿는다. 그러나 이 책도 바칠 곳이 없다. 보낼 곳이 없는 책이 되고 말았다. 이 책을 보내드리기에는 고향인 이북이 너무나 멀다. 원수 나라였던 일본에도 다녀왔고 지구 저쪽 끝인 미국과 유럽에도 다녀왔는데, 내 부친이 계신 38선 이북에만은 왜 다녀오지를 못한다는 말인가?

지난 여름에는 서백림에서 동백림을 구경할 수 있었고 요르단 왕국에서 이스라엘로 통하는 경계선도 넘을 수 있었는데, 같은 동족, 똑같은 말을 사용하고 있는 부친이 계신 내 고향에만 은 왜 못 간단 말인가?

생각할수록 슬프고, 그리울수록 불효한 스스로가 원망스러울 뿐이다.

인간의 마음이란 이상하다.

어렸을 때는 날씨가 차도 부모에게, 운동화 뒤축이 터졌어도 아버지에게, 손끝에 가시가 찔렸어도 어머니에게 알려드려야 했다. 그러던 것이 철들면서부터는 모든 것을 나대로 살아왔다. 누구에게 알릴 필요도 없었고 뜻을 전해야 하는 의무가 있는 것도 아니었다.

그렇게 10여 년을 살아왔다. 마음의 여유가 없었고 나 중심의 생활을 넘어서지 못한 때문이었다.

그러나 요사이는 약간씩 생활과 마음의 변화를 느끼고 있다. 정신적 여유도 생겼는가 하면 고독한 개인주의를 벗어나야 한다는 것도 깨닫게 되었다.

이러한 생활의 습성이 짙어감에 따라 마음 한편 구석은 나도 모르게 비어만 간다. 그것은 마음의 안방 한가운데 자리잡고 있어야 할 부친이 없는 데서 오는 마음의 공허인 것 같다.

한평생 집다운 집을 가져보지 못한 부친에게 비록 작기는 하지만 집을 한 칸 마련했다는 기쁜 소식도 전해드릴 길이 없는가 하면, 그렇게 사랑해주시던 손자가 중학에 입학했지만 그 뜻을 전할 길조차 없다. 두 동생이 성가를 하고 손자들이 자라고 있지만 그 사실을 알려줄 곳조차 없다.

한평생을 시골에 묻혀 살면서 기회만 있으면 서울 구경이라도 해보고 싶다던 뜻도 이제는 지난날의 꿈으로 화해버린 것이다. 병약한 맏자식인 나를 안으시고 남만큼 건강만 했으면 하시던 소원을 눈앞에 풀어보지 못한 채로 벌써 20년의 세월이 헛되이 흘러가고 말았다.

생각하면 어린이다운 심정이 가슴에 여름 구름같이 피어오른다.

오늘은 추석날 밤이다.

제법 서늘한 바람이 불어온다. 서울의 날씨가 이럴진대 이북의 가을은 더한층 차가울 것이다. 의탁할 곳 없는 부친의 심정을 생각하면 어딘가에 원망스러운 뜻을 호소해보고 싶다. 민족이 겪고 있는 비운이라 하지만 인간의 어엿한 길을 무너뜨리는 처사들은 더 계속되지 않아야만 한다.

지붕 위에서 낙엽이 하나 둘 바람에 불려 떨어진다. 아마 볕이 가려진다고 해서 잘라버린 등나무 가지에서 떨어진 잎일 것이다.

멀리 북쪽을 향하여 '아버지!' 하고 불러보고 싶은 밤이다. 그러나 이제는 땅 위에서 '아버지'라고 부를 기회는 없어져버리고 말았다. 어린것들은 한 번도 할아버지를 불러보지 못하는 가엾은 손자가 되어버리고 말았다.

이 심정을 어디로 전해보낼까? 굴러가는 낙엽에 부쳐 멀리 북으로 전하고 싶은 생각이 든다.

효심

안병욱

    피는 물보다도 짙다. 피는 인간의 3대 액체 중에서 가장 강하고 뜨겁고 힘차다. 이마에서 흐르는 구슬땀, 눈에 고인 맑은 눈물, 다 아름답고 소중하다. 그러나 우리의 혈관을 흐르는 붉고 뜨거운 피는 땀이나 눈물보다도 생명력이 강하고 응집력(凝集力)이 짙다. 땀이나 눈물에는 빛깔이 없다. 그러나 피는 짙은 적색이다. 피는 정열의 상징이요, 생명의 상징이다.
    그러므로 피로 얽힌 인간 관계는 사랑이나 이해 관계(利害關係)나 사상으로 얽힌 관계보다 더욱 강하다.
    일생의 사랑을 맹세한 남녀 관계의 사랑도 미움과 이별로 끝나는 수가 허다하다. 동고동락(同苦同樂)을 약속했던 동지도 서로 배반하여 철천지 원수가 되는 경우가 있다. 이해 관계가 일치할 때에는 그렇게 다정했던 친구도 서로 손해를 볼 때에는

安秉煜(1920~   ) : 철학자·수필가. 숭전대 교수 역임.

남남으로 변하고 만다.

  그러나 절대로 변할 수 없는 인간 관계는 부모와 자식의 관계다. 그것은 끊을래야 끊을 수 없는 천륜(天倫)이다. 왜냐? 그것은 피로 얽혔기 때문이다. 아버지와 어머니의 피와 뼈와 살이 합하여 '나'라고 하는 존귀한 존재가 되었다. 나는 부모의 뼈의 한 부분이요, 피의 한 부분이다. 자식은 부모의 분신(分身)이다. 부모가 아무리 못나도 나의 부모요, 자식이 아무리 못나도 나의 자식이다.

  피로 얽힌 부모와 자식의 관계는 인륜(人倫)의 근본이다. 그것은 인간의 천륜(天倫)이다. 하늘이 맺어준 인간 관계다.

  부모는 자식을 낳아서 키우고 교육하기 위하여 온갖 정열을 쏟고 모든 희생을 아끼지 않는다.

  어머니는 맛있는 음식을 보면 먼저 자식 생각부터 하게 된다. 혼자 먹으려면 목에 걸려서 넘어가지 않는다. 자식들이 밤에 늦게까지 돌아오지 않으면 부모의 맘은 걱정이 태산 같다. 교통사고나 당하지 않았는지, 깡패에게 붙들리지 않았는지, 잠시도 마음이 놓이질 않는다. 아들의 성공이 곧 나의 성공이요, 딸의 행복이 곧 부모의 행복이다. 자식의 슬픔이 곧 부모의 슬픔이요, 자녀의 기쁨이 곧 부모의 기쁨이다.

  그것은 정신적(精神的) 일체감(一體感)의 세계다. 몸은 서로 떨어져 있지만 마음은 언제나 하나다. 이 세상에 이처럼 절실한 인간 관계가 또 있을까?

  부모가 살인범이 되고 자녀가 흉악범이 되어도 부모와 자식의 관계는 결코 끊어지는 것이 아니다. 병신 자식이 측은하고 사랑이 더 가는 것이 부모의 심정이다.

인간에게는 정이 있고 휴머니티가 있다. 한문(漢文)에서는 인(仁)은 곧 인(人)이라고 한다. 인(仁)은 사랑이요, 휴머니티다. 사람들이 모이면 거기에 당연히 또 자연히 있게 되는 감정이 인이다. 그래서 인(仁)자의 구조를 보면 인(人)과 이(二)가 합해진 글자다.

사람이 둘 있으면 거기에 마땅히 인의 감정이 있어야 한다. 인간의 인간다움은 인의 마음을 갖는 데 있다. 인의 마음이 곧 인간의 근본이다. 그러므로 유교는 인(仁)은 인(人)이라고 했다. 인은 인간의 근본 원리다. 그 인의 마음이 자연스럽게 표현된 것이 효(孝)와 제(悌)다. 효는 자식이 부모에 대해서 갖는 휴머니티의 감정이요, 제(悌)는 핏줄을 같이 나눈 형제 자매간에 갖는 휴머니티다.

그래서 효(孝)와 제(悌)가 인(仁)의 근본이라고 유교는 갈파했다. 효성은 휴머니티의 자연스러운 발로다. 그것은 고갈될 수 없다. 나를 정성껏 도와준 이에게 우리는 감사하는 마음을 가진다. 부모는 우리를 낳아서 정성스럽게 키우고 사랑으로써 가르치신 분이다. 그런 분에 대해서 고마운 마음을 느끼고 고마운 행동의 표시를 하는 것은 인간으로서 자연스럽고 또 당연한 일이다. 그것이 바로 효(孝)다.

효는 인간의 감사심(感謝心)의 표현이다. 인간의 고마워하는 마음의 자연스러운 발로다. 유교는 그러한 휴머니티에 근본을 두고 있다. 아무리 시대가 바뀌고 사회가 달라져도 인간과 인간 사이에 오고가는 사랑과 정성의 감정은 달라질 수도 없고 또 없어질 수도 없다.

사람은 은혜를 알고〔知恩〕 은혜를 느끼고〔感恩〕 은혜에 감사하고[謝恩] 은혜에 보답해야[報恩] 한다. 그것이 사람의 당연한 도리(道理)요, 본분이다. 세상에 배은망덕(背恩忘德)처럼 부끄럽고 나쁜 것이 없다. 그것은 인간으로서의 도리와 본분을 다하지 못하는 것이다.

부모의 한량없는 은혜에 대하여 고맙게 생각하고 보답하는 마음, 그것이 곧 효심(孝心)이다. 효심은 인간의 참 마음의 표현이다.

나의 어머니

한 승 헌

한때 유행했던 세미나 제목의 스타일을 빌자면 '어머니에게 있어서 자식이란 무엇인가' 또는 '자식에게 있어서 어머니란 무엇인가' 라는 물음을 제기해 볼 수 있다.

하지만 그런 문제를 풀어보는 것은 자칫 관념타령이나 격언의 복습에 그칠 위험이 있어, 차라리 어머니의 삶을 붓에 힘주지 않고 그려보는 것이 소박해서 좋을 것만 같다.

나는 잠시 어머니를 나와의 혈연을 떠나서 이 세상의 한 여인으로서 생각해 볼 때가 있다. 한마디로 그분은 처참하고 위대했으며 어느 의미에서나 평범의 선을 넘어선 여인이시다. 무엇보다도 나의 어머니는 아홉이나 되는 아들 딸을 낳아서 그중 여덟을 땅에 묻어야 했던 아픔을 겪었다. 제일 형편없이 보였다는 내가 유일하게 살아남았다는 것은 아이러니컬한 일이다. 무주

韓勝憲(1934~): 변호사·전 감사원장.

구천동이 그리 멀지 않은 전라도 첩첩산중의 작은 마을, 아무런 의료시설도 없는 그런 미개한 산간벽지가 아니었던들 그중 몇 형제는 살릴 수 있지 않았을까 생각해 본다.

그러나 아홉까지는 못 되지만 일곱이나 되는 형제들이 주사 한 대 맞아보지도 않고 무사히 다 자랐다는 어느 가정의 이야기(신문기사)에 생각이 미치면, 결국 사람의 힘을 넘어서는 운명에다 설명의 근거를 돌릴 수밖에 없다. 해방 전의 농촌에서는 '운명'보다는 '팔자'라는 말을 많이 썼지만…….

어쨌든 아홉 가운데 여덟을 땅에 묻어야 했다는 것만으로도 어머니는 지독하게 팔자가 불운한 여인이었다. 낳는 진통과 땅에 묻는 슬픔이 엉기고 범벅이 되어 어머니는 가슴앓이라는 속병에 걸려서 젊은 시절부터 고통을 겪으셨다.

중농도 못 되는 소농의 가세(家勢)는 어머니에게 큰 시련을 안겨 주었다. 논밭 농사일에다 길쌈까지 해야 했고, 그렇게 해서 얻어진 곡식이나 옷감을 30리나 떨어진 곳에 있는 시장에 내다팔아서 생계를 꾸려나갔다.

아버지는 한학(漢學) 책상물림의 시골 선비였다. 유식한 것은 좋았으나 생활면에서는 무능에 가까우셨던 것 같다. 그런 탓으로 어머니는 한층 더 무거운 짐에 눌려야 했다.

내가 여섯 살 때던가, 마침내 아버지는 돈벌이를 위해 함경도로 떠나셨다. 그때 말로는 '북선(北鮮)에 모집간다'고 했다.

어둠이 채 걷히지도 않은 첫새벽, 초가집 사립문을 나서던 아버지, 그 뒤를 따라 발걸음을 옮기는 어머니와 나 ── 돌담 모퉁이에서 그만 들어가라거니 조금 더 함께 가겠다거니 하며 주고받으시던 남편과 아내의 낮은 목소리 ── 마침내, 몇 년이 될

지 모르는 작별의 순간에, 아버지는 조끼주머니에서 얼마간의 돈을 꺼내어 어머니에게 주시면서,

"승헌이 학교 들어갈 때 좀 보태쓰라"

고 말씀하셨지만, 노자도 모자랄 텐데 이러시면 쓰느냐고 어머니는 펄쩍 뛰시었다. 그로 해서 두 분이 잠시 승강이를 벌이시던 광경은 나를 몹시도 오래 시큰하게 했다.

아버지는 함경북도 경흥이란 곳에 있는 탄광에서 일하시다가 3년 만에 빈손으로 집에 돌아오셨지만, 어머니는 조금도 아버지를 원망하지 않으셨다.

내가 초등학교 4학년이 되면서 전주로 전학을 하게 되자 우리 모자는 서로 떨어져 살게 되었다. 오직 하나인 외아들, 그것도 이제 겨우 열 살 남짓한 철부지를 낯선 도시로 내보내고 어머니는 무척이나 애절해하셨다. 어서 방학이 되어 집에 돌아갈 수 있는 날을 기다리며 나는 어린 가슴을 혼자 달래곤 했다. 슬하에 아무도 없이 단 두 내외분만이 적막하게 지내시는 생각을 하면 어느새 눈물이 맺히곤 했다. 부모님은 그저 자식이 공부 잘하기만을 바라시면서 농촌에서 갖은 고생을 다 하셨고, 나는 부모를 기쁘게 해 드리기 위해서는 시험을 잘 쳐야만 했다. 학기마다 보여드리는 성적표를 보고 아들을 평가하는 것은 세상의 부모들로서는 항용 그럴 수밖에 없었다.

8·15해방 다음해 초등학교를 마칠 무렵, 나는 중학교 진학을 내심 체념하고 있었다. 너무도 말이 아닌 집안 형편을 보고 아예 농촌의 평범한 농부가 되고자 결심했었다. 그러던 나는 부모님의 간곡한 말씀에 못이겨 마음을 바꾸어 중학교에 들어갔다. 그때만 해도 시골 벽지에서는 도시의 상급학교에 진학하는

사람이 매우 드물었고, 제법 재산이 있어야만 되는 일로 알고 있었다. 무얼 가지고 높은 공부를 시키려는가고 의아해하는 주위의 눈초리를 밀어붙이듯이 어머니는 온갖 고생을 하시면서 학비를 대주셨다. 나도 고학을 해서 부모님의 짐을 덜어드리고자 힘을 기울였지만 어머님의 고생을 면해 드리지는 못했다.

오직 하나뿐인 자식을 가르치기 위해 어머님은 한때 시장에 나가 떡장수 노릇까지 하셨다. 아직은 '장사'라면, 특히 먹는 장사라면 얼마쯤 천시하는 풍조가 남아 있었던 그 시대에 참으로 무서운 결단을 보이신 것이다.

이미 어머니는 그 고을에서는 뉘집 아무개로 다 알려져 있었는데도 민망스럽다거나 창피한 걸 무릅쓰고 장바닥에 앉아 해질 때까지 떡을 파셨다. 그런 어머니를 두고서 자식된 내가 어찌해야 되었겠는가는 더 물을 필요가 없었다.

고시에 붙고 대학을 졸업할 무렵에 이르자 어머님의 고생은 그만 멎어도 좋을 시기에 이르렀다. 그러나 바로 그런 시점에서 아버님이 세상을 뜨시자 어머님은 또 다른 슬픔을 맞았다.

어머님은 외아들을 둔 것이 늘 한스러우시어 손자라도 여럿 보시기를 원했다. 훗날 내가 결혼하여 3남 1녀를 둔 것은 어머니의 그런 소원 하나를 풀어드린 격이 되었다. 그렇다고 내 노력에 의한 성과(?)는 아니니까 효도하고는 무관하다.

예순이 넘은 뒤부터 어머니는 교회에 열심히 나가시면서 독실한 신앙생활로 접어드시었다. 당신께서 70세의 고령으로 머리에 치명적인 외상(外傷)을 입고 뇌수술을 받으셨을 때, 그의 신앙심은 기적 같은 놀라운 힘을 발휘했다. 내가 감옥살이를 하고 있는 동안 얼마나 큰 충격을 받으셨을까마는 결코 낙담이나 비탄에 주저앉지 않고 굳건히 고비를 이겨내신 힘도 바로 그의 신앙에서 연유했다.

그는 지금 망팔십(望八十)의 고령으로 무척 쇠잔해 계시다. 그러나 육신의 고통이 여간 심하지 않으신데도 무서운 의지력으로 잘 견디어 내신다.

청주 한(韓)씨 집안에 시집온 이후 58년 동안 자신을 돌보고 한 일은 아무것도 없는 여인, 인종(忍從)이라는 전래의 부덕(婦德)에 처절하리만큼 몸바쳐온 여인 ── 고생과 고통을 주저 없이 맞아서 극복해 나간 의지의 여인 ──나의 어머니는 이런 분이시다.

그런 어머님 앞에 나는 자식으로서는 물론이고 하나의 인간으로서도 많은 부끄러움을 숨길 수가 없다.

어머니의 참모습

정 진 권

　세상에는 이야기라는 것이 있다. 그 중에는 옛날부터 전해오는 것도 있고 새로 생겨나는 것도 있다. 또 실제로 있었던 일도 있고 누가 꾸며낸 것도 있다. 이야기 좋아하면 가난하게 산다는데 나는 이런 이야기들을 듣기 좋아하고 하기도 좋아한다.
　그런데 이 이야기들 중에는 그 내용의 일부를 삭제했으면 싶은 것이 더러 있다. 예를 들면 다음과 같은 것이다.

　옛날 어느 곳에 걱정 많은 한 노파가 있었다. 아시다시피 그의 큰아들은 나막신(또는 소금) 장수였고 작은아들은 우산 장수였다. 비가 오면 나막신이 팔리지 않아서 큰아들 걱정, 날이 개면 우산이 팔리지 않아서 작은아들 걱정, 지나 마르나 노파는 아들들 걱정이 끊이질 않았다.

鄭震權(1935〜　　) : 한국체육대학 교수·수필가.

이웃에 청년 한 사람이 살았다. 어느 날 그가 찾아와,
"할머니, 왜 그런 걱정을 하세요? 비가 오면 작은아드님이 우산을 팔아서 좋고, 날이 개면 큰아드님이 나막신을 팔아서 좋고, 그러니 얼마나 좋으세요?"
했다. 노파는 무릎을 치고,
"그렇군, 내가 그걸 몰랐네"
하며 기뻐했다. 그 뒤부터 노파는 아들들 걱정이 없어졌다고 한다.

내가 언제 이 이야기를 들었는지는 확실하지 않지만, 어쨌든 나는 이 이야기를 처음 들었을 때 그 이웃 청년의 말이 그렇게 신통할 수가 없었다. 그러나 언제부터인지, 이 이야기는 그 뒷부분을 삭제하고 '지나 마르나 노파는 아들들 걱정이 끊이질 않았다'에서 끝내야 한다는 생각을 가지게 되었다. 이웃 청년의 말을 듣고 아들들 걱정을 안 하게 된 그런 노파는 있을 것 같지가 않아서이다. 만일 있다면 그것은 어머니의 참모습은 아닐 것이다. 나는 이따금 돌아가신 내 어머니의 생전의 모습을 그려 볼 때가 있다.

내가 다섯 살 때의 일이다. 광견한테 물려서 사경을 헤맨 적이 있다. 나는 어머니의 등에 업혀서 한 달인가를 병원에 다니며 척추에 주사를 맞았다. 그때 어머니의 마음이 어떠하셨을까? 의사가 아무리 걱정 말라고 했더라도 어머니는 바짝바짝 간을 태우셨을 것이다. 언젠가 어머니는,
"그 투실투실하던 애가 뼈만 앙상하게 남아서 일어서질 못했

어"

하시며 눈물을 글썽이셨다. 광견한테 물려서인지 나는 어려서 뼈도 잘 자라지 않고 살도 찌지 않았다. 그저 키만 내 또래들과 비슷하게 컸다. 게다가 입이 짧아서 잘 먹지도 못했다. 내가 두어 술 뜨다 말면 어머니는 억지로 숟가락을 들려 주셨다. 그러나 나는 싫다며 그냥 일어서곤 했다. 그렇게 약해빠져서……, 어머니는 늘 걱정이셨다.

중학교 3학년 때의 일이다. 전쟁이 일어나서 우리는 읍내에 있는 집을 비워 두고 우리 농토가 조금 있는 산골로 피난을 갔다. 아버지는 피난짐 속에 내 교과서도 싸 넣으셨다. 나는 그 산골아이들과 어울려 산으로 나무를 하러 다녔다. 푸나무를 한짐 해 지고 가파른 산을 내려오자면 무릎마디가 작신거렸다. 어머니는 그 구정물 냄새 나는 앞치마로 땀범벅이 되어 돌아온 내 얼굴을 닦아 주셨다. 점심은 곱삶이였다. 푹푹 정신없이 퍼먹는 나를 보시며 어머니는 두 눈이 젖곤 하셨다. 윗발 한구석에는 언제 다시 배울지 모를 내 교과서 몇 권이 놓여 있었다. 다시 써 볼 것 같지도 않은 내 중학생 모자도 그 벽에 걸려 있었다. 어머니는 이따금 그 책과 모자의 먼지를 터셨다. 학교에 다닐 애를 나무나 시키다니, 어머니는 그게 늘 마음 아프더라고 하셨다.

피난에서 돌아온 나는 그 해 읍내에 새로 생긴 고등학교에 들어갔다. 그런데 어쩌다가 그 학교의 축구 선수가 되었다. 3학년 때의 일이다. 서울에 가서 대학을 다니던 선배가 하나 있었다. 어느 날 고향엘 왔다가 내가 공 차는 것을 본 그는 놀란 듯 어머니에게,

"서울 애들은 밤을 새워 공부를 하는데, 얘는 대학 안 갈 건

가요?"

했다. 어머니는 그 때 정신이 번쩍 들더라고 하셨다. 그 날 저녁 어머니는 내 축구화를 아궁이에 처넣으셨다.(태우지는 않으셨다) 그 뒤로 나는 밤늦도록 책상에 붙어앉긴 했지만, 공부에 별 진전이 없어서 늘 걱정이었다. 그때 어머니는 열심히 새벽 기도회에 나가셨다. 내가 서울로 대학 공부를 떠난 뒤, 어머니는 아궁이에 처넣으셨던 그 축구화를 선반에 놓고 보시며 내 편지를 기다리셨다고 한다.

이것은 내가 결혼을 해서 살림을 난 뒤의 이야기다. 나는 멀리 공항을 떠나 인천에서 몇 년 살다가 서울로 옮겼다. 어머니는 그 먼 길을 자주 오셨다. 오시면 고추장 항아리도 열어 보시고 쌀독도 들여다보셨다. 지하실의 연탄도 세어 보셨다. 심지어는 며느리의 농도 열어 보시고 손질할 옷가지도 있으면 꺼내서 손수 하셨다. 제대로 사는지 어쩌는지, 어머니는 늘 걱정이셨다. 어느덧 우리 집 아이들이 자라서 대학엘 다니게 되었다. 언젠가 아이들을 보시고,

"애비가 너희들 등록금 대느라고 얼마나 힘겹겠니? 해찰하지 말고 공부들 열심히 해라"

하시는 걸 들은 일이 있다. 그 무렵엔 우리 집에 오셔도 옛날처럼 이것저것 살림을 점검하는 일은 안 하셨지만, 내가 혹 살기에 힘겨울까 봐 또 걱정을 하셨다.

어머니는 아버지가 술 드시는 것을 아주 싫어하셨다. 아버지는 술을 퍽 좋아하셔서 서울에 오시면 내가 꼭 대작을 해드렸다. 어머니는 그러는 나도 못마땅하게 생각하셨다. 아버지가 술을 드시면,

"그만 자셔요. 그러다가 병나면 애들한테 짐 되세요"
하시는 걸 나는 여러 번 들었다. 어머니는 혈압이 좀 높으셔서 당신 스스로 여간 조심을 하지 않으셨다. 오래 누워서 고생하는 노인네의 이야기를 하시면서,

"얘, 내가 그 노인네처럼 되면 어떡하니?"

하는 말씀도 하셨다. 약도 꼭꼭 정성스럽게 드셨다. 어머니는 아버지가 건강을 잃으실까 봐 걱정이셨다. 당신이 쓰러지실까 봐 걱정이셨다. 그러나 그것보다도 그렇게 되셨을 때 우리가 고생을 할까 봐 더 걱정이셨다.

요 몇 년 전의 일이다. 어머니가 우리 집에서 며칠 묵으실 땐데 아내와 무슨 이야기를 하시다가

"얘, 난 그저 일흔여섯까지만 살다 가게 해달라고 늘 하느님께 기도를 드린다"

하고 말씀하셨다 한다. 일흔여섯까지라면 당신 자유로 움직일 수 있지만, 더 나이 들어 앓아 눕거나 노망이라도 나면 자식들 고생시킨다는 뜻의 말씀도 하시더라고 했다. 그러시더니 꼭 일흔여섯 되시던 음력 설날, 어머니는 다니시던 교회의 목사님을 비롯한 여러 분을 저녁 식사에 초대하시고, 음식을 차려 내올 동안 그분들과 이런저런 말씀을 나누시다가 어째 가슴이 답답하다며 누우셔서는 잠이라도 드시는 듯 소용히 가셨다. 늘 자손들만 생각하시더니 자손들에게 폐 하나 안 끼치고 가시네, 동네 사람들의 말이었다.

지난 토요일, 조카아이의 혼사를 보러 고향에 갔던 길에 두 분 산소에 성묘를 했다. 셋째아이가 차를 몰고 갔다. 어디선지 어머니가 셋째에게,

"조심해서 차 몰아라, 걱정이다"
하시는 것 같았다. 나를 보시고는,
"술 많이 먹지 말고, 서울 가거든 잘 왔다고 금방 전화해라"
하셨다. 아직도 어머니의 걱정은 끝나지 않으셨다.

노파 이야기를 꺼내 놓고는 어쩌다 그만 내 어머니의 이야기로 매수를 다 채웠다. 자, 그럼 다시 노파의 이야기로 돌아가 보자. 노파가 이웃 청년의 말을 듣고 무릎을 쳤다는 것이 혹 있을 법한 일이라 하더라도, 그러나 그것은 잠깐이요, 그는 금방 또 하늘을 살피며 걱정을 했을 것이다. 큰아들이 나막신을 팔러 다니는 동네는 늘 날이 개고 작은아들이 우산을 팔러 다니는 동네는 날마다 비가 와서 두 아들이 다 장사를 잘 한다면 그의 걱정이 그칠까? 그러면 이번에는 이 아이들이 이 동네 저 동네 돌아다니느라 다리가 얼마나 아플까 하고 또 걱정을 할 것이다. 비록 이야기 속에서일지라도 어머니의 이런 모습이 훼손되어서는 안 될 것 같다.

나의 후원자 우리 어머니

박 청 수

내가 중학교 입학하던 해에 6·25전쟁이 터졌다. 너나 할것 없이 어려운 때였지만 남원 수지 홈실 산골 마을의 가세가 기운 지주의 가정에서 자라던 나는 가끔 월사금을 제때에 내지 못해 학교로부터 집으로 돌려 보내져 전주에서 남원까지 학비를 가지러 가곤 했었다.

교통편도 어렵던 그 시절, 때론 열서너 살 어린 나이로 군용 트럭을 얻어 타고 남원까지 가서 다시 30리 산길을 혼자서 걸어 집엘 갔었다. 방학도 아닌데 딸이 대문에 들어서면 어머니는 반기시기보다 먼저 깜짝 놀라셨다. 월사금 때문에 집에 온 사정을 말씀드리면 어머니는 뒤꼍의 대밭을 바라보시며,

"대밭이 생금밭인데……요즈음은 대장수가 마을을 들어오지 않는다……"

朴淸秀(1937~   ) : 원불교 교무·수필가.

하시며 한숨을 쉬시곤 했다. 그럴 때마다 찾아간 분은 남원읍에서 금융조합에 다니시던 외당숙이었고, 그분은 어머니가 급한 사정 말씀을 드리면 언제나 기꺼이 도움을 주시곤 했었다.

그 무렵엔 시골에서 대학교육이라도 시키려면 전답이나 소를 팔아야만 학비를 마련할 수 있었다. 기숙사에 있거나 자취 생활을 하던 우리 자매를 위해 어머니는 무거운 쌀을 머리에 이고 남원읍 기차역까지 30리 길을 걸어다니셨고, 어린 나도 머리에 쌀을 이고 다녔다.

스물일곱의 젊은 나이에 아버님과 사별하고 그처럼 어렵게 두 딸의 교육 뒷바라지를 하시는 어머님의 포부는 딸을 길러 장차 '원불교의 교무(성직자)'를 만드는 것이었다. 우리 어머님 생각에는 원불교의 교무가 되면 큰 살림, 많은 일을 할 수 있다는 신념을 갖고 계셨기 때문이다. 어머님의 투철한 정신 교육을 받은 우리 자매는 두말 없이 원불교의 교무가 되기 위해 정녀(貞女)의 외길을 걷게 됐다.

내가 사직교당이나 강남교당에서 개척교화를 하며 교당 신축을 하느라 애쓸 때면,

"호의호식이며 호강하려고 교무가 되었느냐? 남다른 고생을 해야 그만큼 보람도 큰 것이다"

하시며 늘 격려해 주셨다.

어머님의 연세가 칠순에 가까워지자 남달리 허리가 굽으시고 보행이 자유롭지 못해지셨다. 젊은 날 우리 자매를 기르시느라 너무 고생하시고, 특히 두 딸을 전주에 공부시키면서 10년 가까이 무거운 쌀을 머리에 이고 나르시느라 어머님의 몸이 저렇게 망가지셨구나 하는 생각이 들 때면 우리 자매는 남달리 어머님

의 희생을 통해서 존재한다는 것을 깨닫곤 한다.

우리들의 나이가 50이 넘었을 무렵 어머님은,

"내가 너희들 환갑을 위해 적금을 들고 있다"

하셨다. 마치 우리 자매의 등을 떠밀기라도 하듯 정녀의 길로 보내시고 이제 그 딸들이 나이가 들어가자 어머님 마음에는 '세속의 나이 60'이라는 데 대한 부담을 느끼셨던 것 같고, 그래서 어머님 스스로 딸들을 위해 준비하신 듯했다.

평생을 경제적으로 자립해야만 했던 우리 어머님은 가정을 꾸려가려면 절약밖에 다른 방도가 없으시어 검약의 생활이 몸에 배어 있다. 적은 돈도 당신을 위해서는 절대로 쓰지 못하신다. 그래서 지금도 기본 요금의 거리일지라도 택시를 안 타고 버스만 타신다. 그래도 큰딸인 내가 나라 밖에 여행갈 일이 생기거나 큰 일을 할 때면 목돈을 기꺼이 보내 주신다. 그러한 돈이 모두 어머님이 한때 하숙생을 돌보시며 저축했던 돈인 것을 우리 자매는 잘 알고 있다.

어머님이,

"너희들 환갑 적금 1천만 원……"

하시면 나는 단호하게,

"어머니, 그렇게 큰 돈을 어디에 쓸 일이 있겠어요. 저는 절대로 그 돈 필요없어요. 우리에게 그 돈 주실 생각 마시고 어머니 소용되는 데나 아끼지 말고 쓰세요"

하며 어머님의 호의에 맞서곤 했다.

그러던 나는 작년 3월부터 캄보디아의 지뢰 제거 작업을 위한 모금 활동을 시작했고, 마치 숨이 넘어가는 응급환자를 살려 내기라도 하려는 듯 정신없이 그 일에 몰두했었다.

우리가 살고 있는 지구촌 64개국에는 1억 1천만 개의 지뢰가 매설되어 있다고 한다. 특히 그 중에서도 20년간의 내전이 계속되어온 캄보디아에는 9백만 명의 인구 수보다 더 많은 1천만 개 정도의 지뢰가 묻혀 매달 3백여 명이 지뢰를 밟아 목숨을 잃거나 부상으로 다리가 절단되고 있다는 사실을 알게 됐었다. 그 지뢰를 모두 제거하려면 백 년에서 3백 년이 걸린다고 했다. 만약 외국의 도움이 없다면 캄보디아의 온 국민은 몸으로 전국토의 지뢰를 폭파해야 된다는 생각을 했을 때, 캄보디아 지뢰 제거 문제는 내 발등에 떨어진 불처럼 여겨졌다. 그 지뢰 공포의 땅에서 한 개의 지뢰라도 제거해야 되겠다는 것이 나의 간절한 염원이 되었고, 나의 힘이 미칠 수 있는 대로 지뢰를 캐내는 것은 내 스스로 정한 나의 의무였다.

　한 개의 지뢰를 제작하여 묻는 데는 고작 5달러(4천원)가 든다지만, 그 지뢰 하나를 제거하는 데는 1천 달러(80만원)가 든다고 했다. 지뢰 한 개 매설 비용에 비하면 그 제거 비용이 막대한 것이어서 안타까웠고, 전쟁을 치른다는 것은 인명 살상 피해 말고도 지구의 일부를 위험한 공포의 땅으로 만들어버리고, 또다시 그것을 평화의 땅으로 회복하는 데는 엄청난 대가를 치러야 됨을 뼈저리게 느꼈다.

　그래도 80만 원만 있으면 한 사람의 생명을 구할 수도 있다고 생각하니 80만 원은 오히려 싼값이라고 여기면서, 나는 그 지뢰 제거를 위해 혼신의 열정을 바치고 있었다.

　"내가 애쓰면 작은 평화의 마을 하나를 만들 수 있겠지…… 적어도 백 명만이라도 살려내야겠는데……"

하면서 애태울 때 우리 어머님은,

"네가 생명을 구하려고 그처럼 애쓰니 너의 환갑을 위해 적금 들었던 1천만 원을 거기에 보태라"
하셨다.
　나는 감격하여,
　"감사합니다, 어머니······"
하며 그 1천만 원을 보태어 10만 달러(8천만원)를 채울 수 있었다.
　1천만 원, 그 돈은 사람에 따라서는 큰 금액이 아닐 수도 있겠지만, 택시의 기본 요금도 아끼시는 우리 어머님에게는 참으로 큰 돈이다. 아니, 돈의 가치로 환산할 수 없는 귀한 뜻이 담긴 돈이다. 우리 어머님은 이렇게 내가 하는 일의 큰 후원자이시기도 하다.
　여행을 마치고 돌아올 때면 비행기에서 내리자마자 어머님께 귀국을 알리는 전화를 걸고,
　"어머니!"
하면,
　"워이! 내 새끼 왔는가! 내 새끼가 돌아왔구나. 건강하냐······"
하시며 환성을 터뜨리신다. 그러고는 안도의 긴 숨을 내쉬신다. 나는 자식을 사랑하는 어머니는 마음이 무엇인지 잘 모른다. 그러나 나는 지금도 우리 어머님의 사랑의 강보에 싸여 어머님의 소원을 이루어가는 딸이다.

떡 국

강호형

나는 본래 떡국을 좋아하지 않았다.

정월 초하루 —— 하얗게 눈도 쌓여 눈이 부신 아침에, 잘 닦아 번쩍이는 놋대접에 담아 갖가지 고명을 얹어내는 떡국도 보기는 좋았지만 왜 그런지 당기지를 않았다. 그래도 그걸 먹지 않으면 나이 한 살을 못 먹는다는 바람에 억지로 먹곤 했다. 그랬던 때문인지 지금도 나는 떡국을 좋아하지는 않았다. 그리고 그것이 나이 때문이라면 먹고 싶어도 참아야 할 나이가 되기도 했다. 그러나 당장 열 살을 더 먹는 한이 있어도 한 그릇 더 먹어 보고 싶은 떡국에 얽힌 사연이 있다.

6·25사변으로 어머니를 잃고 할머니께서 살림을 하시게 되었다.

다 아는 일이지만 시골에는 일이 많았다. 남자보다도 여자들

姜浩馨(1938~　　) : 수필문학진흥회 부회장 · 수필가.

할 일이 더 많았다. 절구질·맷돌질, 네댓끼씩 밥해 나르기 외에도 잡다한 일들은 헤아릴 수가 없었다. 여섯 식구가 날마다 벗어던지는 빨래를 빨고, 풀 먹이고, 다듬고 꿰매고…… 물자는 귀하고, 옷감이라야 무명이나 광목이 고작이던 때라 해진 곳은 다른 천을 덧대어 기워야 했다. 게다가 사대 봉사에 명절을 합하면 제사만 해도 한달에 한 번꼴이었다.

어느 날, 등잔 밑에서 버선을 깁고 계시던 할머니가 눈이 침침하신 듯 자꾸 끔벅이면서,

"난 인제 죽을 때가 됐나 봐"

하시는 것이었다. 나는 눈을 감았다. 가만히 헤아려 보니 연세가 이미 칠순이었다. 할머니는 버선짝과 바늘이 들린 양손을 힘없이 치마폭 위에 내리면서 측은한 눈으로 그윽이 나를 건너다보시는 것이었다. 순간, 내 가슴속에는 뜨거운 물줄기 하나가 찌르르 흘러내렸다. 입을 열면 울음이 터질 것 같아 아무 말도 못하고 그저 등잔의 심지를 조금 돋우었을 뿐이었다. 불꽃이 일렁이는 바람에 할머니의 그림자가 일렁거렸다. 잠시 침묵이 흐른 후에 할머니는 다시 일손을 움직이시면서,

"너두 그 옷 벗거라"

하셨다. 그러나 벗으면 그것이 곧바로 빨랫감, 바느질감이 될 것이었다.

"아직 더럽지두 않았는데요?"

"이가 있어서 자꾸 긁적거리니까 그렇지. 잿물에 삶아 빨게 어여 벗어."

"뒤집어서 밖에 내놓고 자면 다 얼어죽을걸요 뭘."

"어여 벗지 못해? 자꾸 긁적거리면서 에미 없는 자식이라고

남들이 업신여겨!"

노기마저 띤 듯한 할머니의 호통이 또다시 가슴을 쳤다.

어느 날인가는 누이동생의 머리를 빗기고 계셨는데, 창호지 위에는 굵은 이가 뚝뚝 떨어졌다. 참빗을 잡으신 할머니의 손에는 거뭇거뭇 검버섯이 돋아 있었고, 너무도 힘겨운 일을 하신 탓인지 손목은 부어 있었다. 부은 손목 때문에 할머니의 손놀림음 어줍어 보였다. 그런 할머니의 모습을 보고 있노라니,

"난 인제 죽을 때가 됐나 봐"
하시던 말씀이 자꾸 귀청을 때렸다.

"에그머니! 이게 웬일이야."

보리알 같은 이가 하나씩 떨어질 때마다 혀를 끌끌 차시면서,
"할미마저 죽으면 이 가엾은 것들을 어쩌누!"

아픈 손목도 쉬실 겸 잠시 망연해지신 할머니 눈에는 그렁그렁 눈물이 고여 있었다.

손목이 그렇고 보니 절굿공이는 왼손으로 잡으셨다. 맷돌질도 왼손, 밥을 푸는 일도 왼손이었다. 보다못해 아버지가 밥을 지으시는 날도 많았다. 내가 절구질을 하고 동생이 맷돌질을 하기도 했다. 그렇다고 할머니의 일을 다 해낼 수는 없었다.

그런 할머니 곁을 떠나 나는 서울로 갔다. 서울서 학교를 다니면서 많이도 집 생각을 했다. 개나리가 피어도 집을 생각하고, 눈이 쌓여도 집이 그립고 할머니가 보고 싶었다. 못 견디게 그리울 때는 달을 바라보며 식구들의 얼굴을 하나씩 떠올려 보기도 했다. 그러면서도 집에는 자주 갈 수가 없었다. 아직 버스가 없을 때라 어쩌다 한 번이라도 집엘 가려면 달리는 군용 트럭에 그야말로 목숨을 걸고 매달려 타야만 했다. 어느 땐가는

목적지에서 차를 세워 주지 않아 달리는 차에서 뛰어내리다가 손바닥과 얼굴을 몹시 다친 일도 있었다.

그렇게라도 집엘 가면 제일 반가워하시는 분이 할머니였다.

"날마다 숲 밖을 내다보구 내다보구 해두 안 오더니……."

웃으시면서도 눈에는 눈물이 고였던 할머니의 얼굴이 지금도 눈에 선하다. 후에 안 일이지만, '어버이'의 뜻도 가지고 있는 '親' 자는 어버이가 먼 데 간 자식이 오나 보려고 나무 위에 올라가 바라보는 모양을 상징한 글자라고 한다. 立·木·見—親. 한 발짝이라도 더 멀리 보려고 나무 위에 올라선 어버이 마음은 어버이만이 알 것이다. 나는 지금도 그 글자를 볼 때마다 검버섯이 돋은 손으로 햇빛을 가리고 숲 밖을 내다보셨을 할머니의 모습을 떠올리곤 한다.

그 어느 해 봄이었다.

모처럼 집엘 가서 밥상을 받았는데 이상한 음식이 올라 있었다. 내가 잠시 주저하는 기미를 보셨던지 할머니는,

"떡국이랍시구 끓인 것이 그 모양이로구나. 못 먹겠거든 밥을 주랴?"

하시는 것이었다.

"웬 떡국은요?"

"오늘이나 내일이나 하고 날마다 물을 갈아 부었건만 하 오래되니까 그 모양이구나."

정월에 한 건데, 혹시 내가 올까 하고 남겨 두셨다는 것이었다.

진달래가 피었을 때이니 몇 달 동안 그 일을 하셨다 말인가!

떡국은 풀어져 죽이 되었고 곰팡내도 몹시 났다. 그러나 나는

말없이 그 한 그릇을 다 먹었다. 그걸 먹으면서 얼마나 많은 눈물을 함께 삼켰는지 모른다. 할머니는 내가 떡국 먹는 것을 보시면서 나이 한 살 더 먹이는 것이 대견하셨을 것이다.

세월이 흘러 할머니도 가시고, 나는 나이 먹는 것이 두려운 나이가 되었다. 그러나 지금이라도 그런 떡국 한 그릇만 더 먹을 수 있다면 한이 없겠다.

사십구일재

이정림

　어머니, 오늘 아침 당신의 사십구일재(四十九日齋)를 올렸습니다. 사십구일은 영가(靈駕)가 현생을 떠나 마침내 후생(後生)에 드는 날이라 하니, 이젠 어머니와도 영원한 이별이구나 하는 생각에 새삼 울음이 복받쳐올랐습니다.
　어젯밤은 이승에서 어머니와 마지막으로 보내는 날이라 생각하여, 당신이 주무시던 자리에 이부자리를 펴고 아직도 당신의 머릿내가 배어 있는 베개를 그 위에 놓았습니다. 그리고 밤마다 쥐고 주무시던 지압봉(指壓鋒)도 머리맡에 놓고, 저를 부를 일이 있을 때면 가만히 흔드시던 종노 그 옆에 놓아 드렸습니다. 그러고는 전과 같이 어머니를 바라보며 누웠습니다.
　그러고 있자니, 어머니가 금방이라도 머리를 들며 제가 와 누웠나 확인하는 듯한 착각이 들었습니다. 또 종소리가 나서 무슨 일인

李正林(1943～　　) : 수필가.《수필문예》로 등단. (1974)

가 싶어 달려가면,

"어여 와서 자!"

하고 어린아이처럼 보채시던 그 힘없는 목소리도 들리는 듯싶었습니다. 그러나 어머니의 자리는 비어 있고, 저는 그 빈자리를 바라보며 소리 죽여 눈물을 삼켰습니다.

하지만 저는 압니다. 당신의 영혼이 거기에 와 계셨음을. 당신은 결코 저와 함께 지냈던 이 방을 잊을 수 없을 겁니다. 장례식을 마치고 돌아온 날, 이 방에 들어와 자리에 앉자마자, 저는 어머니의 가쁜 숨소리를 들었습니다. 그건 환청이 아니었습니다. 혹시 잘못 들었나 싶어 머리를 세차게 흔들며 어머니가 주무시던 자리를 내려다보았을 때, 저는 당신의 혼백이 거기에 와 계심을 알아보았던 것입니다.

그런데 제가 순간적으로나마 당신의 숨소리를 듣고 놀랐기 때문인가요? 당신은 그 후로 두번 다시 어떤 징후를 보여주지 않았습니다. 다시 한번 느끼고 싶어 간절히 기다렸지만, 다른 사람에게만 현몽(現夢)하신 것은 어인 일인가요? 여러 사람에게서 꿈에 당신을 뵈온 이야기를 전해 들었을 때, 저는 심한 질투심을 느꼈습니다. 그래서 못된 심보로 어머니를 잊어야겠다고 생각했습니다. 그것은 물론 슬픈 오기(傲氣) 같은 것이라는 걸 당신도 잘 아시리라 믿습니다.

그러나 하룻밤이 지나자, 저는 제 생각을 고치기로 마음먹었습니다. 어머니가 사랑하고 싶은 사람들을 마음 놓고 사랑할 수 있도록 당신을 편하게 해 드려야 한다고 말입니다. 그것은 결코 제가 너그러워서가 아닙니다. 그러지 않으면 어머니를 영영 잃어버릴 것 같은 두려움이 앞섰기 때문입니다.

그래서 당신의 영혼은 그토록 가고 싶었던 아들네 집으로 돌아가셨습니다. 혼령으로서나마 당신의 방으로 돌아가시니 지금은 행복하십니까? 식탁에 마주 앉아 힘겹게 수저를 들어올리시던 어머니의 모습이 눈에 밟혀 전과 다름없이 진지를 떠 놓아도, 저는 당신이 아들의 상식(上食)을 받으러 가실 분이라는 것을 너무도 잘 압니다. 그래도 저는 아침 저녁으로 당신 앞에 수저를 놓고 진지와 국을 떠 놓습니다. 그리고 어머니의 어깨와도 같이 부드럽고 둥근 의자를 어루만지며, 당신이 거기에 앉아 계심을 느낍니다.

오늘은 어머니가 가신 지 사십구일이 되는 날입니다. 어느 사이 벌써 시간이 그렇게 흘렀는데도, 저는 아직도 어머니가 잠깐 어디 나들이를 가신 것만 같은 생각이 듭니다. 그래서 지금이라도 곧 현신(現身)하시어 소파에 누워 계실 것만 같은 착각이 듭니다. 바깥에 나갔다가 현관문을 열고 들어올 때면, 어머니가 의자에 앉아 허리를 구부리고 열심히 가위질을 하고 계시는 환영(幻影)을 보곤 합니다. 그것이 정녕 환영이 아니라면 얼마나 좋을까요? 당신의 빈자리에서는 언제나 바람이 입니다. 저는 지금 바람받이에 홀로 서 있는 아이같이 추위를 느낍니다. 전에는 어머니가 이불 속에서 제 찬 발을 녹여 주셨는데, 지금은 그 찬 기운이 제 가슴을 얼어붙게 합니다.

당신이 늘 앉있던 소파의 방석에는 지금도 주름이 져 있습니다. 당신의 체온이 아직도 남아 있을 것 같은 그 주름을 가만히 쓰다듬어 봅니다. 그리고 저녁마다 그랬던 것처럼, 팔을 돌려 당신의 머리를 제 어깨에 얹는 상상을 해봅니다. 그러고는 한 손으로 당신의 넉넉한 손을 잡고 우린 이런 문답을 나누었지요.

"나는—이 세상에서—엄마처럼—예쁜—사람은 본 적이?"

"없어!"

 말씀을 안 하시는 어머니로부터

 "없어!"

라는 대답을 유도해낸 것이 재미있어서, 호들갑을 부리며 당신의 머리에 제 머리를 갖다 비비대곤 했지요. 그런데 지금은 그 문답을 혼자 중얼거려 봅니다. 그러곤,

 "없어!"

하시던 당신의 나지막한 목소리를 마음속으로 듣습니다.

 무슨 까닭에서인진 몰라도, 저는 사람이 이승을 떠나는 시기는 자기가 태어난 달 전후가 되리라는 믿음을 가지고 있었습니다. 그래서 어머니는 생신 달이 든 어느 청량한 가을날에 돌아가실 것이라 예상했습니다. 그런데 어머니가 갑자기 추운 정월에, 그것도 감기가 원인이 되어 어이없게도 이승을 떠나시고 보니, 가실 때가 아닌 분을 자식의 불민(不敏)으로 가시게 한 것 같은 죄책감이 들었습니다. 그런 죄책감은 저를 한없이 죄인의 심정으로 몰아갔고, 후회와 괴로움은 저를 끝없이 무력하게 만들었습니다. 먹고 싶지도 않고, 말하고 싶지도 않으며, 누구와 만난다는 것은 더더욱 내키지 않는 일이 되었습니다.

 어머니가 가시자, 저의 집에는 없어진 것이 많아졌습니다. 우선 제 몸에서는 기(氣)가 빠져나간 듯하고, 텔레비전에서는 영상이 사라졌으며, 부엌에서는 도마 소리가 들리지 않게 되었습니다. 또 어머니의 속옷으로 가득했던 빨랫줄은 이젠 사람 사는 집 같지 않게 아무것도 널려 있지 않습니다. 어머니 한 분의 부재(不在)는, 이 집의 실존을 온통 무(無)로 만들어 버린 것 같은 느낌마저 듭니다.

 얼마 동안 이렇게 죄인처럼 숨죽이며 지내다보니, 어머니에 대

한 가책(呵責)의 마음은 차츰 야속함으로 바뀌었습니다. 어떻게 우리를, 아니 이 막내를 이렇게 혼자 두고 떠나실 수 있었는지 이해가 되지 않았습니다. 누가 당신을 저승에서 그리도 급히 부르셨기에, 그렇게 홀연히 떠나실 수 있었는지 그 대답이 듣고 싶어졌습니다.

혼자 고열(高熱)에 시달리시는 것도 모른 우리에게 이렇듯 뼈아픈 통한을 남겨 주지 않기 위해서라도, 당신은 살아나셨어야 합니다. 중환자실에서 혈액 순환이 되지 않아 살갗이 퍼렇게 된 당신의 손을 주무르고 또 주무르면서도, 저는 당신이 꼭 혼수 상태에서 깨어나시리라 믿었습니다. 그러면서 이렇게 생각했습니다. 어머니는 어리석은 자식들에게 후회와 한(恨)을 남겨 주지 않으려고 혼자 사투(死鬪)하고 계실 것이라고. 당신은 평생을, 자식을 위해서라면 무엇이든 희생하고 양보하는 분이셨지 않습니까? 그래서 저는 당신이 눈감고 계셨어도 그다지 절망스러운 마음은 들지 않았던 것입니다.

그러나 어머니는 끝내 의식을 찾지 못했습니다. 지금 새삼스레 후회가 되는 것은, 아무것도 들리지 않으리라 지레짐작하고 당신을 계속 불러대지 않은 미련스러움입니다. 만일 큰 소리로 어머니를 흔들며 불러댔더라면, 당신은 혹시 의식을 차리지 않았을까요? 그러지 못한 어리석음이 지금 제 가슴에 또 하나의 생채기를 만듭니다.

오늘 산소에서 내려오다가 소각장에서 어머니의 옷을 태웠습니다. 저승 갈 때 입으시라고 맏손자가 새로 마련한 옥색 치마저고리와 하얀 고무신, 저승에서 쓰시라고 칫솔과 치약과 세숫대야를 불에 던졌습니다. 그리고 당신이 엊그제까지 입었던 한복과 블라우스를 꺼내 들었을 때, 저는 그만 오열을 터뜨리고야 말았습니다. 당신의 체취가 아직도 가시지 않은 그 옷에 얼굴을 묻자, 불길이 무섭게 치솟았습니다. 순간, 저는 그 불길을 피해 한 걸음 물러났습니다. 어머니, 죄송합니다. 어머니가 돌아가시면 나 또한 따라가겠다고 하던 제가 어느 사이에 산 자의 편에 서서 몸을 도사리게 된 것입니다. 그 불길 속으로 빨려들 것 같아 뒷걸음질을 치면서, 이젠 당신과 영원히 갈라섰다는 사실이 마음에 불똥이 튄 듯 아팠습니다.

생로병사(生老病死)가 모두 고통이라 하지만, 어머니와 이별하는 고통을 어찌 상상이나 했겠습니까? 당신이 미수(米壽)가 되고 백수(白壽)가 되어도, 저는 어리석게도 어머니와 항상 함께 있을 줄로 알았습니다. 병고(病苦)에 시달리시는 당신의 모습을 뵙는 것이 안타까워, 때로는 그 고통 거두워 가셨으면 하고 기도한 적도 있었지만, 그것은 이런 이별이 정말로 오리라곤 생각지 못했기 때문이었습니다.

지금은 그 불효의 기도를 뼈아프게 후회합니다. 당신이 계심으로써 겪었던 불편함이 실은 얼마나 행복한 것이었던가를 미욱한 저는 이제야 깨닫습니다. 왜 행복은 정말로 지나가고 나서야 느끼게 되는 것일까요? 편함이 하나도 편하지 않은 이 모순은 새로운 형벌이 되어 저를 고문합니다. 당신은 결코 저를 해방시켜 준 것이 아닙니다. 당신이 가심으로써 저는 더욱 당신에게 집착하게 되었기 때문입니다.

삼계일심(三界一心)이라는 법어(法語)가 있습니다. 천계(天界)·지계(地界)·인계(人界), 이 모두가 자기 마음에서 생겨난 것이라 하니, 어머니와 저도 마음속에서 변함없이 만나뵐 수 있겠지요? 촛불을 켜 놓고 향연(香煙) 속에서 어머니의 영정(影幀)을 바라봅니다. 어머니, 이승의 한(恨)과 괴로움 모두 버리시고 부디 극락왕생하십시오. 그리고 당신께는 애물이었지만, 내생(來生)에서도 다시 어머니의 자식으로 태어나고 싶습니다. 촛농이 눈물처럼 흘러내리는 이 밤, 저는 당신이 제 곁에 있음을 느낍니다.

충효사상

윤 태 림

　노자는 유교 도덕이 나온 까닭을 밝히며, 자연의 큰 도리가 쇠퇴하니 '인자한 외로움'이 나오게 되고, 사람이 얕은 지혜로 장난을 하니 큰 거짓이 나오게 되고, 사람의 욕심 때문에 불화가 생기니 '효도와 자애'가 나오게 되고, 나라가 혼란하니 '충신'이 나오게 된다고 했다.
　요새 새삼스럽게 충성과 효도가 이야기되는 것은 세상이 그만큼 혼탁한 증거라고 할 수 있다.
　나라의 교육을 맡고 있는 문교부가 학교 교육의 근본을 충효사상을 높이는 데에 두라고 했다. 젊은이들은 지금 세상에 무슨 케케묵은 소리를 하느냐고 비웃을지도 모르나 자식이 아비를 죽이고, 며느리가 시부모를 내쫓는 세상이 되었으니 이것을 낡은 소리라고 비웃을 수만도 없는 노릇이다.

尹泰林(1908~1991) : 철학박사. 경남대 총장 역임.

모든 '재앙'의 근원은 지나친 욕심 때문에 생긴다. 욕심 때문에 불화가 생기니 이를 조화시키려고 효도가 필요하게 되고 큰 도리가 이루어지지 않고 자연의 법칙과 사람의 법칙이 하나가 되지 못하니 충신도 존재하지 않게 되어 혼란이 일어나게 된다.

본디 충성이란 신하가 임금으로부터 녹을 받고 그에게 봉사하는 특수한 관계에서 나왔다. 그 관계는 녹을 받는 사대부와 녹을 주는 임금과의 특별한 권력 관계이지 통치자와 통치를 받는 일반 국민과의 관계는 아니다. 딴사람에게 충성을 바칠까 두려워하여 녹을 주어 묶어두는 이른바 주고받고하는 특수한 관계이다. 신하가 녹을 받지 않으면 군신 관계가 끊어지고 충성을 하는 유대 관계도 없어진다. 옛날 봉건 사회에서는 늘 전쟁이 일어나 언제 이쪽을 배반하고 저쪽으로 넘어갈지 몰랐다. 그래서 녹을 주어 이쪽에 묶어두려는 것이 충성이 요구된 역사적인 사연이다.

효도도 마찬가지다. 중국의 고대 사회는 일부다처주의여서 많은 처첩을 거느린 상류 계급에서는 오늘날처럼 가족 계획도 없었으므로 한 여자에게서 자녀가 10여 명씩이나 태어났다. 그러므로 처첩을 거느린 양반의 처지에서 보면 수십 명이나 되는 자녀의 이름은커녕 얼굴조차 제대로 기억을 못할 뿐더러 물어보기 전에는 어느 부인의 몸에서 태어난 아이인지도 알기 어려웠을 것이다. 그런 자녀들을 통제하고 자기가 집안의 어른으로 존경받으려는 제도가 필요했으니 그것이 바로 효도의 근원이었다. 아버지의 얼굴을 기억시키려고 밖에 나가거나 집에 들어올 때는 으레 얼굴을 나타내게 하고, 아침에 일어나서와 밤에 잠들기 전에 문안을 들게 하여 스스로의 위엄이 손상되지 않도록 애를 썼다. 따라서 효도사상은 어떤 애정에서 나온 것이라기보다는 형식에 얽매어 권위를 앞세우기 위해 만든 것이다. 한마디로 말해서 유교 도덕은 비천한 아랫사람이 존귀한 사람에게 복종하는 것을 밑바탕으로 한 윤리사상이다. 충성과 효도가 다같이 권력을 가진 임금이나 아버지의 권위를 옹호하고 그들의 욕심을 채워주고 그것을 합리화시켜 주는 방편으로 생긴 것이다.

중국에는 처음부터 현대적인 의미의 국가도 없었고, 민중은 민중대로 하나의 집단이나 국민으로서 있었던 것도 아니었다. 오직 한 사람 한 사람이 왕의 권력에 복종한 것에 지나지 않았다. 민중은 생활 밖의 문제에는 아무런 관심을 가질 수가 없었다. 통치자는 자신의 욕심만 채우려 하고 백성들의 복지는 생각해주지 않았으며 또 하급 관원들도 마찬가지로 백성들을 수탈하여 욕심을 채우는 것밖에 관심이 없었으니, 다스리는 사람과 다스림을 받는 사람은 정으로 뭉쳐진 관계가 결코 아니었다

중국에서는 부모에게 효도하는 것을 특히 중요시하여 이것을 모든 덕 중에서도 가장 으뜸으로 쳤다. 효도는 충성보다 앞서 있기 때문에 효도를 위해서는 충성이 문제가 아니었음을, 《효경》에 나오는 '효도는 덕의 근본' 이란 말로도 넉넉히 짐작할 수 있다. 곧 사람의 행위 중에서 효도보다 더 큰 것이 없고 효도 중에는 아버지를 공경하는 것보다 더 큰 것이 없으며 아버지는 하늘보다 더 높다는 것이다. 여기서 우리가 주목해야 할 것은 효도의 대상이 부모라고 하더라도 어머니가 아니고 오직 아버지라는 것이다. 효도의 대상이 권위를 가진 사람, 곧 자기를 먹여 살리는 경제권의 주도자임을 말해줄 뿐이며 그것은 애정을 중심으로 한 것은 아니었다. 이 효도는 구약성경의 〈출애굽기〉에

나오는 '네 부모를 공경하라, 그리하면 너의 하느님 나 여호와가 네게 준 땅에서 오래 살리라'고 한 것과도 다르다.

불교에는 중국의 효도에 해당되는 것이 없다. 한문으로 번역된 불교 경전에 '효'라는 글자가 있으나 원문에는 이에 해당되는 것이 없다. 중국말로 불경을 번역한 사람이 불경 속에 없는 것을 만들어 넣은 것이라고 한다. 그러나 인도에서도 효도를 무시하지는 않았다. 어버이가 살아 있는 동안에 공경하라는 것이고 죽은 뒤에는 어버이 스스로의 선행이나 악업에 따라 극락이나 지옥으로 간다고 생각하기 때문에, 우리 나라에서와 같이 죽은 뒤에 공양하거나 제사를 지내고 성묘를 하는 것 같은 조상 숭배 사상이 없었다.

불교가 중국에 들어왔을 때에 그것이 유교 도덕을 파괴하는 것이라고 해서 비난을 받은 까닭은, 불교에서는 모든 사람을 중이 되도록 권하므로 그렇게 되면 자손이 끊어지고 조상에 대한 제사도 지내지 못하게 되기 때문이었다. 부모의 어느 쪽에나 똑같이 효도를 해야 할 터인데 중국이나 우리 나라에서 오직 아버지로 한정한 것은 부당하다. 인도 불교가 아버지보다 어머니를 늘 앞세웠던 것과도 다르다. 인도에서 '모부'의 순서로 표기한 것을 '부모'라고 바꾼 것은 중국식의 사고방식이다. 우리 나라도 이 상식을 따랐지만 가부장세가 아니면 어머니를 앞에 놓고 아버지를 뒤에 두는 것이 자연스럽다. 아버지는 경제력이 있지만 자녀에게 애정을 쏟는 점에서 어머니를 따르지 못하기 때문이다. 중국에서 가족 단위의 집을 중요하게 보았던 까닭은 국가의 흥하고 망함에 거의 아무 관련 없이, 집이 있었던 사회 구조와 밀접한 관련이 있다. 정치적인 의미에서의 애국심이라는 것도 그리 발달하지 않았다. 서양에서 말하는 애국심에 해당하는 것도 과거에는 뚜렷하지 못했고 다만 근대에 들어와 국가의 권력이 커지고 국가 사이의 경쟁이 격화됨에 따라 형성되었을 뿐이다.

일본인들이 자기들만이 국가 의식이 가장 강하고 전쟁에 나가서도 '천황 만세'를 부르며 죽는다고 말하나, 2차대전에 나갔던 일본 군인들의 전쟁 수기를 읽어보면 이것도 지어낸 것임을 알 수가 있다. 만세를 부르고 죽는 자란 강요된 경우가 아니면 거의 없었다는 것이다. 사람은 죽음 앞에서는 가장 솔직해지기 때문에 그때는 진실을 털어놓게 마련이다. 일본은 '국체'라는 개념을 만들어 그들의 통치자인 천황이 2000년 동안 한 자손으로 이어져 내려왔다고 어려서부터 교육시켰으나 패전을 맛보고서야 비로소 자기들의 계통이 그런 것이 아니고 도리어 한국에서 건너간 사람들이 그들의 조상이라고까지 말하고 있다. 국가 의식이란 강요할 것이 아니라, 국가 사이의 경쟁이 치열해지고 자기나 자기 가족의 생사가 국가 운명에 좌우될 때에는 가지지 말라고 해도 자연스럽게 일어나는 것이다.

효도의 관념은 해방 뒤에 핵가족 제도가 침투하면서부터 점차로 사라져갔다. 핵가족 제도야말로 효도를 말살하는 원흉이라고 하는 사람이 있으나 이것은 인류가 발달해온 역사를 모르고 하는 이야기다. 곧, 핵가족이 사회의 근본 단위임을 모르는 말이다. 원시 시대에는 가족이라기보다는 좀더 큰 집단인 씨족이 있었고 그 다음 단계에서 대가족이 생기고 다시 이것이 소가족으로 쪼개져 나갔다고 하나, 최근의 인류학에서는 고대 여러 민족 사회는 부모와 자식으로 이루어진 소가족이 기본이 되고,

가족은 있으나 씨족이 없는 사회도 있었다고 한다. 어느 민족에서나 소가족 집단이 늘 기본이었다는 것이다. 도리어 대가족 제도는 부유층을 중심으로 하여 형성되었다는 것이 드러나고 있다. 다시 말해서 핵가족 제도는 이제 제자리를 찾아왔다. 대가족 제도로 다시 환원될 가능성은 희박하다. 충효사상을 고취시켜 옛 제도로 되돌아가게 하려는 노인들의 희망은 한갓 부질없는 꿈에 지나지 않는 것이므로 일찌감치 체념하는 것이 상책이다.

 효도가 강조되는 까닭은 해방을 계기로 하여 토지개혁이 이루어지고 지주 계급이 몰락했으므로 대가족의 가장이 경제권으로 가족을 통제하는 힘이 점차로 사라지면서 가장의 권위가 추락되어간 데에 있다. 다시 말해서 아버지이기 때문에 권위가 있는 것이 아니라 경제권을 가지고 있기 때문에 위력을 갖추고 있었다. 곧, 부친과 가장권은 별개의 것이었다. 부권으로서 권위가 있었으면 집안의 모든 경제권을 자식에게 넘겼더라도 부권은 전과 다름없이 권위가 있어야 할 터인데도 가장권을 넘기고 경제력이 없으면 어버이로서의 위신을 갖추지 못하게 되어버렸다. 며느리가 업신여길 뿐만 아니라 손자녀석조차 단돈 10원을 못 주면 할아버지를 깔보는 것이 예사이다. 따라서 요새 부모들은 죽는 날까지 악착같이 돈을 쥐고 있어야 한다고 한다. 돈쌈지를 풀어놓으려 들지 않는다. 당연한 일이다. 재산을 미리 넘겨준다고 고마워하기는커녕 마땅한 것으로 알 뿐만 아니라 겨우 재산이 요것이냐고 푸념을 할 정도이다.

 이 점은 중국이나 인도의 경우와는 판이하게 다르다. 그곳에서는 부권과 가장권이 같기 때문에 모든 경제권은 아들에게 넘겨주어도 공적으로는 가장으로서의 지위를 가지므로 죽을 때까지 가족들로부터 최고의 예우(禮遇)를 받는다. 우리 나라에서는 이러한 것은 받아들이지 않고 못된 것만 받아들였다. 이러한 그릇된 것은 일본에도 그대로 전해져서 가장권을 아들에게 넘겨주고 나면 앞에서 보기가 딱할 만큼, 중국인이 보면 화를 낼 만큼 어버이를 무시한다.

이것은 효도의 관념이 중국과 다르기 때문이다. 중국에서의 어버이에 대한 효도는 몸을 부모에게서 받았다는 것, 곧 자식이기 때문에 아무리 자기 부모가 사회에서 악당으로 대접받는다고 하더라도 나를 낳아준 부모는 부모라는 생각에서, 비록 부모가 부모답지 못하더라도 자식된 도리는 다 지킨다는 생각을 가지고 있으나 우리 나라에서는 이해가 앞선다. 길러준 부모를 낳아준 부모보다 더 끔찍이 안다.

이러한 논리는 재산이 있는 동안에는 어버이로서 대우를 하지만 재산을 탕진하고 빈털터리가 된 아버지는 뒤돌아보지 않아도 좋다는 이욕 중심의 효도사상을 더욱 강화시킬 염려가 있다. 따라서 아버지로서의 이상적인 모습은 집안이 넉넉하고 여유 있는 가정에서나 나올 수 있지 이와 반대로 어머니가 경제권을 쥐고 있는 가정에서의 아버지의 모습이란 비참하다.

공산주의 세계가 된 오늘날의 중국은 전혀 딴판이 되어 있을 것이고 아버지를 '동무'로 호칭하는 이북에서도 가장권이나 부권은 아주 없어졌겠으나, 어쨌든 부권이 점차로 상실되어가는 것이 추세라고 할 수 있겠다. 경제 현상의 변동이 많음에 따라 전답이나 가옥 같은 재산을 하루아침에 잃는 사람이 늘어나고 취직도 어려워졌을 뿐만 아니라 달마다 받는 봉급만을 가지고는 입에 풀칠하기도 어려운 형편이니, 공무원들은 급행료를 받게 되고 부정을 저지르지 않고서는 돈을 벌 수 없는 세태가 되어가니 가장으로서의 부권은 날로 떨어지고 있다. 오늘날의 부권 상실은 마땅한 결과여서 아무리 발버둥쳐도 막을 수 없는 노릇인지도 모른다. 우리 나라에서, 아버지는 포용력이 없고 애정보다는 권력 행사나 하며 위엄만 부리려고 했던 것도 부권 상실의 한 원인이라고 할 수 있다.

부권을 잃은 아버지들이 스스로를 가리켜 하숙비를 내고 사는 하숙인이니, 월급 봉투나 전하는 우체부에 지나지 않느니 하고 말하지만 나날의 생활 속에서 많은 시간을 함께 보내는 아내와 자녀들로부터 점차로 소외되는 것도 어쩔 수 없는 일이다. 더구나 우리 가정에서의 어머니의 자리는 외국의 여자들보다 더 중요하다. 그 위치가 너무 뚜렷하기 때문에 아버지들이 느끼는 소외감도 다른 사회에서보다 더 크다. 이런 것들은 모두 권력만 행사하려 들고 애정 표시에 인색했던 결과일 것이다.

효도의 개념 속에는 입신 출세하여 이름을 날리는 것도 들어 있다. 《효경》에 보면, '출세하고 도리를 행하여 이름을 후세에 날리고, 이것으로 부모를 나타나게 하는 것'이 효도의 마지막이라 했다. 우리 나라의 젊은이들 중에서 이 마력에 휘감겨 있지 않은 사람이 거의 없다. '아무개 자식이 이번에 고등고시에 합격했다', '아무개 딸이 이번 콩쿠르 대회에서 1등을 했다' 하고 이름을 내는 데에 열중한다. 신문에 이름만 나면 되고 이름 없는 회사일지언정 사장이나 중역이면 되고, 교장이나 교감이면 좋고 대학의 교수라면 더 바랄 것이 없다. 아들의 영광은 아버지의 영광과 같은 것이 된다. 사장의 아들이 입학시험에 떨어지고 수위의 아들이 붙는 것은 있을 수 있는 일이나 사장으로서는 견디기 어려운 노릇이다. 사장 자신이 낙제한 것이나 마찬가지로 착각한다.

아들이 부모에게 효도하려는 것을 방해하는 숨은 적이 있다면 그것은 바로 며느리다. 시아버지와 며느리와의 관계나 사위와 장모와의 관계는 엘렉트라 콤플렉스나 오이디푸스 콤플렉스로 설명할 수 있듯이 문제가 작으나 시어머니와 며느리 사이의 문제는 간단하지가 않다. 비록 우리 나라만의 문제가 아니겠으나 한 부엌에 두 여자가 있게 되면 노골적이거나 은연중이거나, 고부 사이가 얼마쯤의 차이는 있어도 어느 곳에서나 말썽이 생긴다.

한마디로 말해서 부부 관계가 앞서느냐, 어버이와 자식과의 관계가 앞서느냐가 문제다. 소가족주의를 택하는 미국의 부부는 가족 중에서 어느 다른 관계보다도 앞선다. 부부는 늘 같이 있는 것이 하나의 신조로 되어 있는 곳에서는 자식마저 부모들에게 간격을 두고 부모의 눈치를 보아야 할 정도니 해답이 간단하나, 우리 나라와 같이 전통적으로 부부 관계는 나중이고 웃어른을 모시는 것이 먼저인 곳에서는 아내가 남편과 같이 있는 시간보다도 시어머니와 같이 있어야 할 시간이 많고 접촉하는 내용도 많기 때문에 문제가 그리 단순치는 않다. 남편을 먼 발치에서 눈치채지 않게 언뜻 보아야만 하고 어른 앞에서는 부부가 말을 주고받는 것도 삼가야 했던 시대가 있었다. 이에 견주어 보면 한국도 많이 발전했다고 볼 수가 있으나 고부 관계만은 그리 진전을 보지 못했다. 더구나 세상의 남편들이란 거의가 월급 봉투를 송두리째 아내에게 넘겨 주는 선량한 사람들이다. 가정에서의 경제권을 며느리가 쥐고 있기 때문에 더불어 사는 부모들로서는, 비록 경제적인 것이 아니더라도 심리적인 압박으로 스스로의 생각마저도 똑똑히 표현하지 못하는 가련한 신세이다.

우리 나라에서는 부모가 장남과 같이 사는 것이 원칙처럼 되어 있어서 혼인 문제가 나왔다 하면 시부모를 모시지 않는 차남 아래를 택하는 경향이 있기 때문에 장남으로 태어난 사람은 혼인조차 불리하다. 다만 상속받을 재산이 있다면 시부모 봉양을 재산 상속과 상쇄하려 들지도 모르나 아무튼 함께 살기를 바라지 않는 것이 며느리들의 속일 수 없는 마음이다. 그렇다고 딸의 집으로 가자니 딸은 반길지 모르나 사위의 마음을 알 수가 없거니와, 장인이나 장모를 이곳에서도 그리 달갑게 여기지 않을 것은 뻔하다. 경제의 여유만 있으면 딴채이더라도 한울타리 속에서 살거나 이른바 '국이 식지 않는' 가까운 거리에서 따로 사는 것이 좋겠으나 이것도 누구나 다 그럴 수 있는 형편은 못 된다. 그래서 사회가 공업화되어 갈수록 노인 문제가 심각해지고 부모와 거리가 멀어지고, 부모들은 더욱 소외되어 고독감을 맛보게 되는 것은 어쩔 수 없다.

자식들에게 옛날처럼 효도를 하라고만 강요할 수도 없는 노릇이다. 애써 기르고 교육까지 시켜주었으니 보답을 해야 할 것이 아니냐고 자식들에게 따지는 것도 비굴해 보일 때가 있다. 그렇다고 서양과 같은 양로원이 있는 것도 아니다. 이렇게 보면 한국의 부모들은 서양의 부모들보다 더욱 고독하다. 서양의 부모들처럼 처음부터 아예 바라지 않고 교육을 위해 막대한 지출이나 정신적인 고민을 하지 않았더라면 타격도 덜했을지 모른다.

　지금의 세태는 자식에 의지할 생각도 말아야 할 정도로 달라졌다. 늘그막의 생활을 생각해서 재산을 전부 넘겨주는 것도 고려해야 할 문제이며 예전의 전통적인 부모에 대한 효도도 기대하지 말아야 할 것이다. 다만 부모가 진정코 깊은 애정으로 자식을 보살펴주고 아버지는 지나친 권위 의식을 버리고 세대의 차이를 넘어서서 자식과 함께 살 때에 자식들도 부모를 그리 멀리하지 않을 것이다. 이것은 핏줄이 이어져 있는 결과일 것이고 이런 것에나 한가닥 희망을 걸 수밖에 없다. 그렇다고 자식들에게서 덤을 기대할 수도 없다. 자식이 혼인하거든 같이 살 생각을 버려야 한다.
　앞에서 밝힌 노자의 말처럼 사회에 큰 도리가 이루어지고 작은 앎이 설치지 않고 사람들이 서로 믿고 화목하게 살게 되면 효자도 충신도 필요없다. 충효의 사상은 떠들고 선전하고 권고하고 광고해서 이루어지는 것은 아닐 것이다.
　사람의 본디 모습을 되찾아 있는 그대로의 사람다운 자취를 회복할 때에 도리가 이루어지고, 사람들이 잔꾀를 부리지 않고 부당한 욕심을 부리지 않는 시대가 되면 따로 충이나 효를 강조할 필요가 없을 것이다.

참회록

정태시

　판서댁의 아들로 태어나서 세 살에 부친상을 당하고 설상 가상으로 덮쳐온 양반 계급의 몰락은, 아버지에게 졸지에 끼니를 걱정하게 하였다. 하루는 하도 허기를 면치 못하여 흙을 먹어보기까지 하였다는 말을 친히 하시는 것을 들었다. 다행히 넉넉한 집안에서 출가하여 온 어머니의 패물을 판 돈으로 아버지는 당신이 밤새워 삼은 짚신을 포함한 장돌뱅이 장사까지 하여 가면서 어깨 너머로 배운 동냥글에 성공하여 보통 문관 시험에 합격하여 관료길에 들어섰다. 억척스럽고 거벽스러운 성격, 내가 장성해서 항상 생각하기를 나는 외탁을 많이 했고, 아버지야말로 남성 중의 남성이라고 생각하여왔는데 그러한 아버지의 집념과 투지와 박력은 친척을 도와가면서도 40 미만에 경제적인 독립을 이룩하는 데 성공하였다.

鄭泰時(1917~　　) : 교육자. 공주교대 학장 역임.

아버지는 평소에 계속 약주를 하시는 것은 아니었으나 술을 입에 대었다 하면 사발로 들어야 직성이 풀리고 거기에다 일체 안주를 안 드는 불건전한 습관을 계속하시더니 하루 아침에 폭발하여 피를 토하고 세상을 떠나셨다. 보통학교를 마치지 못한 나와 일곱 살 차이인 맏누님과 일곱 살인 막내와 어머니, 그러니까 네 사람의 유족은 글자 그대로 하늘이 무너지는 듯한 절망 속에 어찌 할 바를 몰랐다.

아버지 산소의 흙이 채 마르기도 전에 나는 혼자서 300여 리 길을 고물 포드식 자동차를 타고 이틀 걸려 서울로 상급학교 시험을 치르러 갔다. 일본 사람을 위주로 한 관립사범학교여서 후한 장학제도 덕분에 집에서 용돈 정도나 갖다 쓰면 다닐 수 있고 취직이 보장된다는 바람에 그 학교를 택하였던 것이다. 전국에서 지원자 3천여 명이 모였는데 일본 사람 80명, 한국 사람 20명을 뽑는다고 하여 하늘의 별따기 같았지만 운명의 신은 다행히 나에게 미소를 던져주었다.

눈물이 마르지 않던 어머니는 나를 서울로 떠나보낸 후에 더욱 길 가는 나만한 아이들을 보면 문득 내 생각이 나서 눈물이 앞을 가리곤 한다는 얘기로 어머니의 편지 사연의 전부를 채우시곤 하셨다.

친척 사이에서 나는 공부 잘하고 효도한다고 이름이 나 있었다. 그런데 언젠가 극히 드문 일이었지만 어머니가 나의 잘못을 타일렀었다. 이때 나는,

"그것은 내가 잘못했어도 나를 낳은 것은 어머니이니까 결국 어머니 잘못이다"

라고 궤변을 늘어놓았다. 그때 어머니께서는,

"에미의 가슴에 못을 박는 식의 말은 하지 마라"
고 인자하게 이르셨는데, 내가 자식을 키워보면서는 그때의 어머니 심정을 좀 알게 되었다.

학교를 졸업하고 부임 희망지를 적어 내라고 하였을 때에 굳이 서울이라고 적지 아니하고 동생이 고등보통학교 갈 나이가 되었으니 그런 학교가 있는 도시이면 좋겠다고 적었다.

출신지가 강원도인 것을 참작하였는지 첫 발령지가 춘천이었다. 누님은 출가하였기 때문에 단 세 식구가 춘천에 가서 지냈다. 지나간 세월을 회고하여 보면 그때만큼 즐겁고 평화로운 시절은 없었다. 그러나 그런 평화스런 시절은 오래 가지 못하였다. 매형의 사망으로 누님은 친정으로 돌아올 수밖에 없는 형편이었고, 건강이 좋지 못한 어머니가 부엌 나들이를 계속하기 어렵다는 주위의 강권으로 나는 결혼을 하게 되었다. 거의 동시에 본래 나쁘던 어머니의 건강이 악화돼서 집안을 암흑의 세계로 만들었다. 맞벌이 교사가 된 나는 가족과 상의하여 춘천서 시오 리쯤 떨어진 '샘밭'이라는 곳에 집을 짓고 근무처도 옮겨갔다.

나와 내 동생은 자전거 통학을 하였지만 젊은 때라 그렇게 큰 고생이 되지는 않았다. 그런데 어머니의 병환이 더욱 심해지면서 그것이 위암일 것이라는 진단이 내려졌다. 어머니가 세상을 떠난다는 생각이 떠오를 때마다 떨리는 가슴을 진정치 못하였다. 갖은 약을 다 써보고 병원에서도 치료를 받았었다. 긴 병환이고 보니 살림살이는 점점 궁색해졌다.

마침 그때 동생은 일본 수학여행을 가게 되었다. 학교에 낼 돈은 적립을 하여 놓았었지만 2주일 동안 여행에 필요한 용돈을 마련해주어야 하겠는데 나는 무일푼이었다. 이웃의 흉허물

없이 지내는 사람에게 부탁을 하였더니 요행히 돈을 마련해 왔기에 그 돈을 동생에게 직접 주라고 하였다. 동생이 여행 떠난 지 며칠 후에 어머니가 친구되는 분하고 이야기하는 것을 엿들었다. 내 동생은 나보다도 무척 내성적이었고 또 만 여섯 살이 채 되기 전에 학교에 보내게 되어서인지 아침마다 담모퉁이에 서서 학교 가기 싫다고 울곤 하였다. 그것이 중년 과부가 된 어머니의 슬픔을 배가시켰었다.

"그게 그래도 저만큼 커서 일본까지 여행을 간다는데 용돈 한푼 쥐어 보내지 못하니, 차마 잘 다녀오라는 말이 목이 메어 나오지 않데나."

어머니의 음성이 울음 섞여 나왔다.

내가 왜 미처 그 생각을 못했을까. 빌려온 돈을 내가 받아서 어머니께 드리고 어머니더러 동생에게 주시라 하였었더라면……

어머니의 병세는 더욱 악화되어 동생이 여행에서 돌아온 지 얼마 안 되어 세상을 떠나시고 말았다. 어머니가 육체적인 고통과 죽음과의 싸움을 하고 계실 때, 나는 어쩌면 그분의 가슴에 못을 박는 듯한 정신적 아픔을 드려야만 했을까. 지금 나이 드신 할머니를 보면 어머니를 생각한다. 혹 부활의 세계가 있어 어머니를 다시 뵙는다면 나는 말을 잇지 못하고 땅에 엎드려 통곡을 터뜨릴 것만 같다. 효도 한번 못 받아보시고 고생만 하시다 가신 어머니.

효

이응백

　인척(姻戚) 되는 젊은이가 집을 아주 얌전하게 짓고 이사를 하게 되었다. 아내가 축하하는 글씨를 한 폭 써다 주겠다고 나에게 적절한 문구를 부탁했다.
　나는 그 젊은이의 평소의 행동거지나 마음가짐으로 해서 다음과 같이 써주라고 했다.
　'효이애자(孝以愛子) 추기서인(推己恕人)'
　부모께 효도하기를 자식을 사랑하는 지극한 마음으로 하고 자기를 미루어 남을 용서하라는 것이다. 그는 유난하달 정도로 극진한 내리사랑에 비해 부모께 대한 마음씀은 그렇지가 못했으며 성질이 대쪽 같아 남을 용서하는 아량이 몹시 부족했기 때문이다.
　그는 예서(隸書) 2단(二段)으로 쓴 그 글씨를 안방에 높직이

李應百(1923~　　) : 국어학자. 서울대 명예교수.

걸어놓고 아침 저녁으로 그것을 대하게 되었다. 논어에는 효에 대해서 공자가 그 제자나 그 시대 사람들의 물음에 대해 대답한 사례가 몇 가지 보인다.

첫째는, 맹의자(孟懿子)라는 노(魯)나라 대부(大夫)가 효에 대해 물었을때 공자는 도리에 어긋남이 없게 하는 것[無違]이라고 했다. 때마침 옆에서 모시고 있던 번지(樊遲)라는 제자에게 공자는 무위(無違)라는 뜻을 이렇게 부연 설명했다.

"부모가 살아계실 때에 예(禮)로써 섬기고, 돌아가시면 예로써 장사 지내며, 예로써 제사 지냄이니라[生事之以禮 死葬之以禮 祭之以禮]."

둘째는, 맹의자의 아들 맹무백(孟武伯)이 효에 대해 물었을 때 공자는,

"부모는 오직 자녀가 앓지나 않을까 하고 근심하신다[父母唯其疾之憂]"고

대답했다. 자식이 부모의 이러한 마음을 자기 마음으로 삼으면 몸을 막 굴리지 않고 조심하게 될 것이니 자연 효가 된다고 주자(朱子)는 주(註)에서 설명해놓았다.

셋째는, 자유(子游)란 제자가 효에 대해서 물으니, 공자는,
"요즘의 효란 것은 부모께 음식 대접을 잘해 드리는 것이라고 생각들을 하는데, 개나 말 같은 짐승도 음식을 먹여 기르니, 공경하지 않으면 무엇이 다르랴[今之孝子 是謂能養 至於犬馬 皆能有養 不敬何以別乎]"
고 대답했다.

여기서 생각나는 이야기가 있다.

공자의 제자인 증자(曾子)란 이는 그의 아버지 증석(曾晳)을

봉양할 제 반드시 술과 고기를 대접했다. 상을 물릴 때엔 혹 아버지께서 누구에게 물려주실 생각이 있으실까 하여 꼭,

"대궁은 누구에게 물리리까?"

하고 여쭈어보며,

"이 음식이 여분이 더 있느냐?"

하고 물으면 반드시,

"예, 있습니다"

하고 대답했다. 증석이 죽고 증자의 아들 증원(曾元)이 증자를 봉양할 때도 반드시 술과 고기를 갖추었는데 상을 물릴 때엔 누구에게 물릴까를 묻지도 않고 여분이 있느냐고 물으면 있어도 짐짓 없다고 대답했다. 아버지께 다시 드리려는 생각에서였던 것이다. 이것은 입과 몸을 기르는 것〔養口體〕이나 증자와 같은 경우는 가위 뜻을 기른다〔養志〕고 할 수 있다고 맹자는 말했다.(《孟子》,〈離婁上〉편)

음식을 잘 간직했다가 나중에 아버지를 대접하는 것도 분명히 효에 들어가나 뜻맞는 친구와 그 음식을 나누면서 환담할 수 있게 하는 것은 한층 높은 차원의 효라 하겠다. 《중용(中庸)》에 효란 것은 '부조(父祖)의 뜻을 잘 잇는 것〔孝者善繼人之志〕'이라고 했다. 이는 바로 이런 것을 지적한 것이다. 그리고 좋은 음식을 대접하는 효가 가장 낮은 차원의 효린 것에 대해 증자가 한 말이 《예기(禮記)》에 이렇게 나타나 있다.

효에는 세 가지가 있는데 대효(大孝)는 어버이를 존경하는 것이요, 그 다음은 욕되지 않게 함이요, 그 아래는 음식을 잘 대접해드리는 일이다.〔孝有三, 大孝尊親 其次弗辱 其下能養〕

넷째는 자하(子夏)란 제자가 효에 대해서 물었을 때 공자는 이렇게 대답했다.

"효란 것은 얼굴 표정을 온화하게 갖는 것이다. 물론 이것은 매우 어려운 일이다. 가령 어떠한 일이 있을 때 동생이나 아들 된 이로서 그 수고를 감당한다든지 술과 밥이 있을 때 이를 부형께 권해드리는 그러한 것만으로 진정한 효라고 할 수 있겠는가?〔色難 有事弟子服其勞 有酒食 先生饌 曾是以爲孝乎〕"

여기서 강조된 것은 웃어른을 위하여 수고한다든지 좋은 음식을 대접해드리는 일도 효가 안 되는 바 아니로되, 어딘가 못마땅한 표정으로 마지못해 하는 식이 되어서는 도리어 웃어른의 마음을 괴롭혀드리는 결과가 되기 때문에 결과적으로 효의 첫째가는 존친(尊親)이 되지 못 한다는 뜻이다. 부형께 대한 깊은 애정이 있으면 속으로부터 부드럽고 기뻐하는 표정이 낯빛에 피어오르기 때문에 그러한 표정으로 어버이를 섬김이 진정한 효가 된다는 것이다. 여기서도 효의 본질은 형식보다도 그 뒤에 깔린 정신이 더 소중하다는 것을 알 수 있다.

이상 네 가지의 예화(例話)를 볼 때, 같은 효에 대한 질문에 공자의 대답은 각각 다르게 나타났다. 이것은 바로 오늘날 이른바 개인차에 따른 개별 지도로서, 공자는 이미 이를 실천했던 것이다. 곧 맹의자(孟懿子)의 질문에 대한 대답은 세상 모든 사람에게 대한 효의 일깨움이요, 그의 아들 무백(武伯)에 대한 대답은 그가 신체적 질환 또는 행동이 자칫 상궤(常軌)를 벗어날 우려가 있어 이런 점으로 어버이께 늘 근심을 끼쳤기 때문이요, 자유(子游)는 어버이 봉양에서 마음속으로부터 존경하는 뜻이 부족했고, 자하(子夏)는 성격이 곧고 의로운 일을 행하나 따사

롭고 부드러운 빛이 적어 너무 쌀쌀한 감이 들었기 때문에 각각 그리 답한 것이다.

이런 생각이 떠오른다. 중학교 때 수신공민(修身公民)을 강의하던 일인(日人) 교유(敎諭)가 우리 나라 농촌을 거닐다가 다 장성한 아들이 신방돌에 걸터앉아 세숫대야에 담근 발을 그의 어머니가 정성스레 씻기고 있는 모습을 본 일이 있었는데, 자기는 어머니에게 발을 씻기는 그 아들이 결코 불효한 사람이라고 보이진 않았다고 했다. 아들의 강청에서가 아니라 어머니의 마음속에서 자연스레 우러나 기쁨으로 아들의 발을 씻기는 것은 어머니의 육체적 수고보다도 정신적 유열(愉悅)이 더 크기 때문이라는 것이다. 형식 윤리에서 볼 때엔 그것은 확실히 불효스런 행동임에 틀림없겠으나 정신적인 면에서는 어머니를 기쁘게 해드리는 계기를 마련해드렸다는 점에서 그 반대의 결론을 가져올 수 있는 것이다. 그분은 확실히 효의 본질을 잘 포착했던 것이라고 지금 이 글을 써가면서 나는 새삼 감탄하는 바이다.

또 언젠가 이런 광경을 본 일이 있다. 등이 꼬부라진 노인이 등에다 두어 살 된 아기를 업고, 손으로는 너덧 살쯤 된 아이를 태운 아기 수레를 밀면서 가는데, 등 위의 어린것이 떨어질까, 아기 수레가 다른 것에 부딪칠까 몹시도 조심을 하면서 한 걸음 한 걸음 나아가는 것이었다. 그 노인의 마음속은 어떻게 하면 이 어린것들을 안전하게 보호하고 기쁘게 해줄 수 있느냐는 일념으로 가득 찼을 뿐 자기의 허리 아프고 고된 것에는 아예 털끝만큼도 개의치 않았을 것이 분명하다.

요새 핵가족 문제가 우리에게도 곧잘 논의되고 있다. 유럽과 미국처럼 노인의 복지 문제를 국가에서 보장할 것을 희망하기도 한다. 그러나 노후의 사회 보장 제도가 완벽한 나라일수록 노인들의 고독감은 주체할 수 없을 정도로 더욱 커져만 가는 현상을 어떻게 보아야 할 것인가. 이것은 인간이란 물질만으로 모든 것이 해결되지 않는 존재라는 것을 역력히 보여준 것이니 그런 점을 타산지석(他山之石)으로 삼아 우리 사회에서의 노인 문제를 다룰 필요가 있다고 본다.

그렇다고 예전처럼 대가족주의를 고집할 필요는 없는 것이고, 각기 형편에 따라 모여 살든, 따로 살든, 자식들이 부모의 노후를 어떤 제도에만 맡기고 자기들은 할일 다했다는 식의 생각은 적어도 우리 사회에서 사라지도록 해야 할 것이다. 노인 문제에 대해 사회나 국가가 크게 관심을 가지고 어떤 제도를 마련해야 할 것이다.

그러나 그보다도 더 큰 근본 문제는 자녀들이 자신들을 그 부모가 어떻게 기르셨느냐 하는 점을 한시도 잊지 말고 늘 감사한 마음으로 모시도록 해야 할 것이다.

부모께 효도하는 사람치고 나쁜 사람은 없다. 그러므로 중종(中宗) 때 박세무(朴世茂)는 그의 《동몽선습(童蒙先習)》에서 '효는 온갖 행실의 근원이 된다(孝爲百行之源)'고 했다.

'효이애자(孝以愛子) 추기서인(推己恕人)'

인척의 젊은이는 이 현액(懸額)의 덕인지 그 뒤론 부모님을 대하는 마음가짐이 훨씬 달라졌다고 한다. 다행한 일이다.

어머니

김남조

 어렸을 때 어느 날, 나는 하학(下學)길 노상에서 말(馬)에 물린 적이 있었다. 옷 위로 팔을 물려 놀라긴 했으나 상처는 대단치 않았다고 기억한다. 대문을 들어서면서 어머니에게 그 얘기를 했더니 대청마루를 버선발로 뛰어내리시던 모습이 오래도록 잊히지 않는다. 너무나도 놀라시던 표정이 어이없어서 우습기조차 했던 일이 몇십 년의 세월에 이르러서야 정녕 수긍이 가고 자주 되살아난다.
 대학엘 다니면서 나는 어설픈 글조박지들을 주무르게 되었고 어떤 건 활자로 찍혀나오기도 했는데 이때 누구보다도 내 글을 기뻐하고 아껴준 분, 말하자면 나의 대표적인 애독자는 역시 어머니셨다. 당시의 나는 어머니를 모신, 단 두 식구였고 따라서 처음 만든 글은 맨 먼저 어머니께 보여드리는 일이 나로서도 귀

金南祚(1927~   ) : 시인. 숙명여대 명예교수.

한 보람이었다.

　내가 글을 쓸 때 어머니도 함께 깨어 계시므로 어떤 때는 더 쓰고 싶은 걸 어머니 때문에 불을 꺼버리고 머릿속으로만 글귀를 뒤척이는 일이 자주 있었다.

　결혼 후에도 줄곧 한집에 모시면서 차례로 태어나는 아이들 때문에 어머니의 손에 과중한 부담이 끊이지 않았던 일 등을 더 말해 무엇하랴.

　밤중에라도 어린애 울음소리가 나면 감전(感電)보다도 더 빨리 어머니가 깨어나신다.

　내 잠을 깨우지 않으려고 무섭게 조바심하시던 일들을 참말 잊을 수가 없다. 연이어 애들만 길러주시고 어머니가 세상을 떠나셨을 때는 바로 나 자신이 죽은 듯한 실감이었다. 모성의 위대함은 누구나가 잘 아는 터이지만 나의 경우는 훨씬 이상이요, 절대의 그 상한선이다.

　어머니는 유언을 남기셨다. 한 젊은 신부(神父)에게 당부하여 그 신부가 죽는 날까지 날마다 기도 중에 당신의 딸을 위해 몇 가지의 축원을 보태어줄 약속을 받으셨다.

　장례식 얼마 후에 안 일이지만 어머니는 짧게 다듬은 기도구절을 아예 만들어서 내주셨으며 수중에 있던 돈의 전액을 미사 예물로 바치셨다. 천주교회의 한 사제(司祭)와 죽은 이와의 서약은 영원히 신성할 수밖에 없고 오늘에 이르도록 어김없이 지켜져 온다. 그리고 이 일이야말로 오히려 전신의 공포 같은 무서운 율연감(慄然感)을 나에게 준다. 이토록 끔찍하고 끈적거리는 점성(粘性)의 어머니 피를 나의 신심에 칠범벅이로 입혀 칠하고 나는 살아간다.

어머니의 병은 췌장암이었으나 의사들의 진단이 미급하여 오래도록 그 고통이 이해되지 못했으며 그 때문에 치료도 엉망이고 말았다. 여러 곳의 병원을 거친 다음에야 병 이름을 겨우 집어냈으나 이미 절망밖엔 남은 게 없었다.

혈압은 계량기에 잡혀지지도 않게 떨어지고 너무나도 참담한 병고(病苦) 중에 어쩌다 잠시 의식이 돌아오면,

"우리 딸을 좀 재워달라"

는 그 말씀만을 되풀이했다.

예수 고상(苦像, 十字架像)을 언제나 손에 잡고 계셨는데 손이 허탈하여 떨어뜨리는 일이 자주 생겼으므로 위독하던 몇 주간은 흰 붕대로 손과 고상을 묶어드렸었다.

67년 6월 20일, 시침(時針)이 정확히 정오를 가리킬 때 어머니는 숨을 거두셨고, 그 후 내 목숨 속에서 나와 함께 숨쉬며 살아가고 계신다.

내 삶의 모든 연소(燃燒)와 봉헌(奉獻)들은 내 어머니와 나와의 두 사람 몫인 것을 나의 하느님만은 알고 계신다.

어버이 사상

서 정 범

효사상(孝思想) 하면 유교에서 전래된 것같이 여기고 있는데 난 그렇지 않다고 여긴다.

우리 나라 무조신화(巫祖神話)에 '바리 공주'라는 무가(巫歌)가 있다.

옛날 임금님께서 아들을 기다렸는데 왕비는 딸만 계속 여섯을 낳았다. 일곱 번째도 딸이자 화가 머리끝까지 치민 왕은 그 아기를 돌함에 넣어서 깊은 물 속에 던져버리라고 하였다. 신하가 왕명을 받들어 돌함에 아기 공주를 넣어 금거북 자물쇠로 잠그고 깊은 물 속에 집어던졌다. 그랬더니 아기 공주가 들어 있는 돌함이 솟구쳐 신하가 서 있는 강 밖으로 떨어지는 것이었다. 다시 잡아 넣었더니 다시 솟구쳐나왔다. 세 번째 넣었더니 이번에는 금거북이 돌함을 업고 기어나오는 것이 아닌가. 신하

徐廷範(1926~   ) : 국어학자·수필가. 경희대 명예교수.

는 신기하기도 하고 이상하기도 해서 다시 넣을 수가 없어 그냥 궁으로 돌아오고 말았다.

거북이 돌함을 등에 업고 나오자 하늘에서 학이 내려와 함을 날개로 덮어서 따뜻이 보호해주었다. 지나던 할머니가 이상히 여겨 돌함을 열어보니 예쁜 아기가 들어 있는 게 아닌가. 하늘이 주신 딸이라고 생각하여 집으로 데려와 고이고이 길렀다.

한편 궁중에서는 아기 공주를 버린 후로 왕과 왕비가 병석에 눕게 되었다. 갖은 약을 써도 효과가 없었고 점을 쳐보니 왕과 왕비는 한날 한시에 죽을 괘였다. 다시 점을 쳐보니 멀고 먼 나라에서 약물을 구해다 마시면 낫는다는 것이었다.

왕은 큰딸부터 차례로 불러다 약물을 구해올 것을 말했으나 모두 핑계만 대는 것이었다.

어느 날 왕이 잠깐 조는 사이에 하늘에서 동자(童子)가 나타나서 절을 하더니 빨리 공주를 찾아오라 하였다.

강 속에 던져 죽은 줄만 알았던 아기 공주가 살아 있다는 것을 알고 찾으려 했으나 찾을 길이 막연하였다. 돌함을 갖다버린 신하는 이미 죽었던 것이다.

이때 늙은 신하가 공주를 찾아나섰다.

정처없이 길을 가다가 어느 곳에 다다랐는데 길가에 있는 풀과 나무가 쓰러져 눕는 것이 아닌가. 늙은 신하가 그 길을 따라가자 어느 집 앞에 이르러서는 나무가 쓰러지지 않았다. 신하는 그 집에서 공주를 찾아내어 궁중으로 데려왔다.

바리 공주는 언니들이 못 간다는 그 멀고 먼 나라에 약물을 구하러 쾌히 떠났다. 가는 도중 온갖 시련을 겪은 다음에야 목적지에 이르렀다. 그런데 갑자기 괴물이 나타나서 길을 막으며 약값·길값은 가져왔느냐고 물었다. 못 가져왔다고 하자 그 값으로 괴물인 나하고 살아서 아들 삼형제만 낳아달라는 것이다. 바리 공주는 망설였으나 자기 몸을 희생해서라도 부모님의 병을 고쳐야겠다는 일념으로 그 괴물의 뜻에 응했다. 공주는 무서운 괴물과 살면서 아들 삼형제를 낳았다.

어느 날 공주는 수저의 허리가 부러진 꿈을 꾸어 깜짝 놀라 깨었다. 괴물인 사내에게 부모님이 한날 한시에 죽은 꿈이라고 하면서 약수를 길어달라고 부탁하였다. 그러자 괴물인 남편은 여기서 쓰고 있는 물이 모두 약수라는 것이었다.

약물을 길어 산을 넘고 강을 건너 들판을 지나 허겁지겁 궁중으로 돌아오는 도중 장송 행렬을 만났다. 아버지와 어머니가 이미 돌아가신 것이다.

상여를 멈추게 하고 관을 열고 길어온 약물을 떠서 입에 넣자 피가 돌고 숨이 되살아났다.

왕과 왕비는 되살게 해준 바리 공주를 얼싸안고 기뻐했다. 그러면서 바리 공주에게 소원을 물으며 나라의 절반이라도 떼어 주겠다고 하였다.

그러나 바리 공주는 오히려 죄를 지었다고 했다. 부모의 허락도 없이 이름도 모르는 사내와 살아 아이까지 낳았다고 하며 지은 죄를 용서해달라고 빌었다. 왕은 도리어 그것이 나를 위해 네 몸을 희생한 것이니 그 남자와 아들을 데려와서 함께 살라는 것이었다. 바리 공주는 모든 재물과 벼슬을 사양하고 죽은 사람의 영혼을 저승으로 인도하는 무당이 되겠다고 하였다.

이러한 무조신화(巫祖神話)의 근본사상은 어버이를 섬기는 효사상에서 비롯되었다는 것을 알 수 있다.

돌함에 넣어서 강에 버려진 딸이 되살아나서 부모의 병을 고치기 위해 약수를 구하러 떠나며, 기기에서 생판 모르는 괴물의 청을 들어 결혼할 의사도 없이 몸을 희생한다는 것은 효의 극치인 것이다.

무당에게 실리는 신은 거의 조상신이라고 하는 것은 효사상이 무교적인 것이라는 점을 뒷받침해준다.

이렇게 볼 때 무교의 윤리관은 효에서 비롯한다는 것을 알 수 있다. 그것은 어버이와 자식과의 관계에서 효의 윤리 관계가 성립되는 것이다.

시골에서는 지금도 구렁이·두꺼비·족제비 등을 '업'이라고 한다. 이러한 '업'들이 집으로 들어올 때에는 복이 오고 이웃으로 갈 때에는 복이 나가는 것이라고 여기고 있다. 이 업을 '지낌, 집금'이라고도 하는데, '가신(家神)'이라는 뜻이다. 업은 아버지의 어근(語根) '압'인 것이다. '어버이'라 할 때에는 '업[父]'과 '엇[母]'과 접미사 '이'가 합쳐진 '어버지'가 '어버이'로 변한 것이다. 구렁이·두꺼비·족제비 등을 조상 '압·업[父]'의 재생으로 여기고 이것을 가신(家神)으로 모시고 있는 것이다

구렁이·두꺼비 등의 조상이라고 하면 그것은 불교의 윤회사싱이 아니냐고 할지 모르지만 이러한 사상도 불교외 영향이 아니라 무교의 고유한 사상의 하나라고 여기고 있다.

'효(孝)'는 '노(老)'와 '자(子)'로 가를 수 있는데 노(耂)는 노(老)를 줄인 것이다. 자식이 노인을 업어준다는 데서, 부모를 노인을 업어주듯 공경하는 것이 효(孝)라는 것이다.

전에 어느 텔레비전 방송 중 〈어머니〉라는 연속극이 있었는

데 거기서 말썽꾸러기였던 아들이 어머니를 업어줌으로써 효성을 나타낸 것이 있었다. 이효석의 단편 〈메밀꽃 필 무렵〉에도 '허생원'이 '동이'라는 청년에게 업혀서 내를 건너면서 거기서 처음 부자간의 정을 느끼는 대목이 있다.

이렇게 우리 나라에서도 자식이 부모를 업어주는 것을 효의 표현으로 여기는 것이, 한자의 효(孝)와 공통되는 것은 흥미로운 일이다.

우리 말에서 물[水], 자[尺] 등의 말이 '말다, 재다'와 같이 동사로 바뀌는 현상이 있다. '업다'의 어간 '업'이 명사 업[父]에서 전성된 것이라고 본다면, 업는 것이 곧 어버이를 섬기는 마음인 것이다.

어렸을 때에는 어버이가 자식을 업어주고 어버이가 늙어서는 자식들에게 업히는 것이다.

어버이가 자식을 업을 때에는 사랑 그대로고, 자식들이 어버이를 업을 때에는 고마움과 존경과 사랑의 마음으로 업어드리는 것이 아닐까?

한국인의 효

최 신 해

　효라는 낱말은 우리 선조들이 그렇게도 즐겨 썼던 말이다. 그런데 요새 갑작스럽게 '당신은 부모님을 위하여 무엇을 하였나' 라고 커다랗게 쓴 플래카드가 서울 거리에 나붙어서 출퇴근할 때마다 그 플래카드 밑을 지나게 되었다.
　효에 대한 캠페인을 벌이고 있는 모양이다.
　자식은 늙은 부모를 공양해야 하느니, 부모가 병에 걸리면 손가락을 잘라서 피를 먹였다느니 또는 부모가 세상을 떠나면 3년 동안 산소 옆에 움막을 짓고 살면서 머리도 빗지 않았느니 하는 얘기들은 요새 청년들에게는 코미디 이하의 우스꽝스런 얘기로 들리게끔 되어버렸다.
　현대사회에서, 부모가 병에 걸렸는데도 병원에 데리고 갈 생각은 않고 자기 손가락을 잘라서 피를 먹였다면 그 아들은 효자

崔臣海(1919~1991) : 의학박사. 청량리 뇌병원장 역임.

라고 하기는커녕 정신병자가 아닌가 의심을 해야 할 것이고, 만약에 자기 부모가 세상을 떠났다 해서 그 아들이 자기의 사회생활을 중단하고 산소 옆에 움막을 짓고서 3년이나 사는 인간이 있다면 성격 이상자가 아닌가 의심해야 할 것이다. 부모의 장사를 화려하게 치른다고 빛까지 내어서 성대한 장례식을 하고 그 뒤 빚더미에 올라앉아 고생하는 자식이 있다 해서 칭찬해 주는 사람도 없을 게다.

이렇게 효의 개념은 시대의 변천에 따라서 달라져 버렸다. 지금 서울 같은 대도시에 사는 사람치고 내가 늙은 뒤에 내 자식이 나를 호강시켜주겠지 하고 믿고 있는 사람이 있다면 이 사람이야말로 시대 착오도 이만저만한 사람이 아닐 것이다.

예를 들자면 임진왜란 때에 충무공 이순신 장군은 상을 당하여 3년 동안 상주 노릇을 하였다는데, 그 분은 자식의 도리를 다했고 백성된 도리를 다했다. 장군으로서의 임무를 완수했던 분이어서 그 당시의 도덕관으로 볼 때에는 가장 모범적인 만민의 귀감이었겠지만, 그렇다고 요새 세상에 전쟁을 치르고 있는 해군참모총장이 부모의 상을 당했다고 3년이나 복상하는 사람이 있다면 당장 군무이탈죄로 사형에 처해야 한다고 온 국민이 들고 일어날 게 아니겠는가.

이와 같이 효에 대한 개념은 시대에 따라서 달라져 온 것이다.

그렇다면 요새 세상에서의 '효'는 과연 무엇이겠는가 생각해 볼 필요가 있다.

옛날 사람같이, 부모의 제삿날이나 한식날·추석날에는 반드시 부모의 무덤에 성묘해야 한다고 하여 해마다 직장을 쉬고서 서울에서 경상남도의 선산을 찾는 샐러리맨이 있다고 한다면 효자라고 칭찬하기는커녕 불성실한 근무 태도라 하여 그의 상사는 그를 파면시키겠다고 벼를 것이다.

그렇다면 현대의 효는 어떤 것이겠는가 하는 의문이 생겨난다.

이것을 생각해내기 위해서는 옛사람들이 생각했던 효는 과연 무엇이었던가를 정리하는 일이 앞서야 하겠다.

효의 개념은 공자가 들고나선 말인데, 그 제자들이 옛사람의 생각과 공자의 말을 종합하여서 체계화하여 《효경(孝經)》이라는 책으로 압축시켜놓았다. 그 책에 보면, 다음과 같이 효의 정의를 내리고 있다.

> 효는 자기가 속해 있는 사회 계층에 따라서 외형이 달라지는 것이니, 즉 후(侯)의 효(孝)는 도(度)요, 경(卿)의 효(孝)는 예(譽)요, 사(士)의 효(孝)는 구(究)요, 평민의 효는 축(蓄)이다.

다시 풀이를 하자면, 작은 나라의 임금이나 요새 세상의 대통령, 즉 후(侯)는 세상을 잘 다스리는 것이 바로 부모에 대한 효를 다하는 것이요, 경(卿) 즉 요새 세상의 장관이나 국회의원급에 있어서는 올바른 싯반을 해서 자기 부모나 가문(家門)에 명예를 가져오는 것이 바로 효요, 학자나 관리나 인텔리나 샐러리맨들의 효는 사물을 잘 판단하여 세상 돌아가는 대로 도리에 맞게 궁리(究)하는 것이며, 일반 서민들의 효는 부모를 잘 먹이고 따뜻한 자리에 거처시켜주는 길이라고 정의한 것이다.

그러므로 대통령이 상을 당했을 경우 정사(政事)를 팽개치고

서 선산에 성묘만 가는 일은 불효에 속하는 것이며, 슬픔을 참고서 정치에 골몰하는 것이 효가 된다는 소리다. 장관급 인사가 부모의 상을 당했다고 공금을 횡령하거나 뇌물을 받아서 장례를 성대하게 치르고 돈을 많이 들여서 산소를 큼지막하게 만들어 손가락질을 당하는 자가 있다면 이건 불효 중의 큰 불효가 아닐 수 없다. 올바른 짓만 해서 명예를 얻는 길이 바로 효가 되는 길이라는 뜻이다.

어지간한 선비나 회사원의 효는 자기 신분과 경제에 알맞게 잘 생각하여 처신하는 것이 바로 효이지, 분에 넘치게 회사를 결근해가면서 시골에 있는 아버지 무덤을 찾는다고 그것이 효는 아닌 것이다. 일반 서민의 효는 부모가 살아 있는 동안에 끼니 걱정을 안 시키는 것, 다시 말해서 부지런히 일해서 양식 걱정을 없애는 길이 바로 효라는 것이다.

그러므로 사회 계층에 따라서 효는 자연히 달라진다. 만약에 대통령직에 있는 사람이 효자 노릇 하겠다고 아침에 부모 침실 밖에서 오래 기다리다가 부모가 일어나면 들어가서 아침 인사를 매일 하느라고 국무회의 시간을 어긴다든지 또는 부모에게 맛있는 음식을 대접해야겠다고 하루 세 끼, 부엌에 나가서 요리사에게 지시를 하는 사람이 있다면, 이 사람은 후(侯)의 효를 서민의 효와 도착(倒着)시킨 우거(愚擧)를 행한 것임에 틀림없는 것이다. 반대로 가난한 서민이면서 노부모는 끼니에 무엇을 먹는지 굶는지도 생각 않고서 천하대사(天下大事)에 분주하는 사람이 있다면 그것도 말이 안 된다. 자기 나름으로는, 지금은 부모가 끼니를 거르시지만 내가 성공을 한 뒤에는 호강을 시키겠다고 아무리 다짐해도 공자의 개념에서는 통용되지 않는다.

옛날부터 동양에서는 효와 충을 윤리의 기본되는 두 기둥으로 생각해왔다. 그런데 이 둘 중에서 효가 앞서는 것이냐 충이 앞서는 것이냐 하는 문제는, 민족에 따라서 시대에 따라서 달라진 것이 당연하다 하겠다.

가령 옛날에는 아버지가 임금을 죽이려는 역적모의(쿠데타)를 실행할 때에, 아들은 아버지를 따라서 임금을 죽일 것인지 그렇지 않으면 아버지를 죽이고서 임금에게 충성할 것인지 하는 문제에 대해서 왈가왈부했는데, 일본 민족은 충을 앞세우는 것을 원칙으로 삼았지만 우리 선조들은 효를 앞세워온 것이다.

임진왜란 때에 상을 당한 충무공이 전쟁을 쉬고 향리로 내려가서 상을 치렀다는 미담 역시 충보다는 효를 앞세웠던 그 당시의 조선인의 윤리관에서 나온 행동이었다. 충무공의 그러한 행동에 대해서는 아무도 탓하지 않았을 뿐만 아니라 그것을 국민윤리의 귀감으로 칭송까지 하였던 것이다.

그러나 세상은 달라졌고 윤리관에도 대변동이 생겼다. 지금 세상에 전쟁 도중인 참모총장이 부모의 상을 당했다 해서 싸움을 중단하고 상주 노릇 하겠다고 고향에 내려갔다면 이건 효고 뭐고 없이 군무이탈죄로 사형감이어서 불효막심한 인간이라고 비웃을 것이다.

또 하나 한국인의 효에 대한 관념 중에 특기할 만한 것은 효에는 이지적인 것보다 감정적인 면을 더 앞으로 내세웠다는 점이다.

가령 밤중에 갑자기 어머니가 중병에 걸렸을 때에 신경통에 고생하고 있는 아들이 어머니를 업고서 병원으로 달려갔을 경우는 그리 효자라고 칭송 않는 반면에, 아들이 자기의 손가락을 잘라서 피를 어미에게 억지로 먹인 경우엔 굉장한 효자라고 신문에 떠들어대기 일쑤다.

이 광명천지에 병에 걸린 어미에게 피부터 먹이는 이런 야만 풍습이 대학을 졸업했다는 신문기자의 눈에 효의 행위로 비칠 만큼, 아직도 우리의 머릿속에는 과학보다도 샤머니즘 쪽이 더욱 큰 비중을 차지하고 있다는 이 비참한 후진성을 따지지 않을 수 없다.

결론적으로 말한다.

우리는 효의 개념을 중국인에게서 배워서 우리 멋대로 해석하여 실행해왔는데 그 효의 개념에는 다분히 샤머니즘적인 요소까지 섞여왔다는 것을 지적한다.

효는 시대의 변천에 따라서 그 개념과 행동이 달라져야 한다는 점을 말하고 싶다.

앞으로의 효는 가장 합리적이며 현실적인 타당성을 수반하여야 할 것이며, 효를 실행하는 자식들도 너무 지나친 자기 희생은 하지 않아야 한다는 점을 강조하고 싶다. 효자 노릇 하느라고 일생을 허송해서야 되겠는가.

효는 부모를 먹여 살리는 길만이 아니다. 우리 나라도 더욱 발전하면 부모를 먹여 살리는 일은 사회 보장 제도가 도맡아 해주게 될 것이다.

효는 자식들의 교육 정도와 신분과 경제 상태에 따라서 그 형태가 달라질 것이지만, 무엇보다도 기본 문제는 정신적인 따뜻한 사랑의 마음이 있어야 한다는 것이다. 효는 형식보다 사랑의 마음에 더 큰 의의를 두어야 할 것임을 말하고 싶다.

어머니 회상

이숭녕

　내가 열세 살 때에 어머니를 여의었으므로 어머니의 인상은 어린 시절에 느낀 것이 고작이라 남보다 앳되고 흐릿할는지 모른다.
　그러나 내 나이 50고개를 넘어서도 가끔 어느 고비에 어머니를 회상하게 되는데 그때마다 전기 오르듯 비감이 부풀어올라 가슴이 뭉클해진다.
　어머니는 풍족한 가정에서 자라난 분이지만 우리 집에서는 기우는 가세에 생계로 허덕이신 것이다. 내가 기억하는 것은 창골〔倉洞〕집이나. 남대문이 아래로 내려다보이는 성벽 안쪽의 비탈길 조그마한 초가집인데 지금의 남산도서관 서쪽 층계 근처가 아닌가 한다.
　내가 대여섯 살 때이었을 듯, 아버지는 건넌방에서 글을 짓고 책을 읽는 것으로 소일을 삼으시는데 어머니는 그날그날의 생

李崇寧(1908~1994) : 국어학자. 학술원 회원·서울대 대학원장 역임.

활에 몰리시면 가끔 나를 업고 걸리고 하여 외가로 가신다. 그것은 묻지 않아도 알 일로 빈한한 생활을 메우는 마지못한 수단이었음을 커서 안 셈이다. 그 창골집은 처참한 초가집이었던 듯싶다. 설날 복건을 쓰고 이웃집에 세배를 다닐 때, 울퉁불퉁한 30도쯤의 경사의 언 비탈길은 어린 내가 걷기에는 퍽 힘든 것이었다.

얼마 안 가서 이사를 가게 되었다. 인력거를 타고 그것도 어머니 무릎에 앉아 내자골〔內資洞〕기와집으로 이사를 갔다. 나는 펄펄 뛰고 좋아했다. 그것은 전셋집이기에 기와집에 든 것이지 창골집은 부지를 못한 것이다. 아버지는 얼마 남지 않은 논밭을 팔아 광산인가 보막인가에 손을 대신 것이 또 실패가 되어 집은 여지없이 된 모양이다. 아버지는 책을 들고 속리산 법주사로 들어가셔서 오래 돌아오지를 않으셨으니, 지금 그 심경이 짐작이 간다. 어머니는 이러한 곤경에서 장난이 심한 내 아우와 나를 기르시느라고 갖은 정성을 기울였으니 지금 생각하면 가슴이 아파진다. 대여섯 살 때 어머니는 아버지가 안 계시었지만 나를 글방에 넣으셨다. 큰 천자문(千字文)을 끼고 온 바지에 먹칠을 하며 나는 글방도령이 된 것이다. 내가 장난을 치다가 사고를 내면 어머니께서는 나를 힘차게 붙들고 서글픈 어조로,

"경녹아, 너는 이 다음에 무에 되려고 이러니"

하고 꾸짖으시던 것이 눈에 선하다. '경녹'은 내 아명인데 이때에 우리 집 생계는 말이 아니었다.

하루는 밥을 먹고 글방에 가려는데 어머니가 부르셨다. 큰 보따리를 놓고 그 위에 글씨를 쓰라는 것이었다. 어머니는 여자였음에도 글을 하신 분이다. 먼저 손수 한자로 글을 쓰시고 체를

내셨다. 지금 생각하면 '충청북도 보은군 법주사……' 일 것이 틀림없다. 그 보따리는 아버지에게 보내는 환절기 의복의 소포였던 것이다. 나는 그 어려운 글자를 써낼 실력은 절대로 없었으나 어머니 말씀이라 글방 붓에 먹을 찍어 글방식으로 크게 몇 자를 그리니 소포는 엉망이 되었다. 아버지께 내가 공부를 시작해 이만한 성적이 되었다는 보고를 하시려던 어머니의 꿈이 여지없이 깨뜨려진 셈이다. 나는 꾸지람을 듣고 훌쩍거리며 글방으로 갔다.

외가가 잘살았다는 것은 우리 집 위기를 가끔 구했던 것으로 알 수 있다. 나는 외가에서 출생하고 태반을 거기에서 자랐다. 외가에는 애가 없어 외손자인 내가 손자 대신인양 외조께 귀염둥이가 되었기로 아무 트러블이 없었다.

외조는,

"경녹이가 잘 논다"

고 자주 보러오시는 어머니께 말씀을 하셨다. 외조께서는 병환이 드셔서 내가 아홉 살이 되던 해 2월에 돌아가셨다. 내가 여덟 살 때 일이다. 어느 날인가 내가 수심에 잠긴 가족들과 같이 외조 머리맡에 앉아 있을 때 어머니가 오셨다. 외조의 앞날이 위험해진 때였다. 어머니는 방에 들어서서 앉지도 않으시고 탁자 옆에 서서 외조께 내가 알아들을 수 없는 이야기를 몇 마디 하시더니 그저 서서 우시기만 하셨다.

그러다가 하신 말이 있으니 그것은 내가 자라난 뒤 어머니를 생각할 때마다 가슴을 찌르고도 남음이 있는 내용의 소리였다.

"어린 자식을 데리고 저는……."

외조께서도 언짢아하셨다. 그리고 그 자리에서 '경녹이 것'

으로 조금 논을 떼어주신 것이 내가 뒤에 공부를 하게 된 유일한 근거였다.

"윤수가 문서를 잘 두었다가 경녹이가 크거든 주어라"
하신 것인데, 윤수는 외숙의 자(字)였다.

그러나 그것으로 우리집 살림이 필 수는 없었다. 어머니는 그 어려운 가운데에서 내 옷차림만은 남에게 뒤떨어지지 않도록 깨끗이 해주셨다. 그러자니 어머니의 고심은 이만저만한 것이 아니었다. 어머니는 자신의 저고리와 치마를 뜯어가지고 내 저고리와 바지를 만드시는 것이었다.

아버지께서는 한학의 선비시라 나를 학교에 보내시지를 않았다. 아홉 살 때에 보인학교(輔仁學校)에 가보고서야, 긴 걸상에 어른, 아이가 앉아 선생님이,

"고레와 혼데스(이것은 책이다)"
하면 합창과 같이 소리를 내어 읽는 학교가 있다는 것을 알았다. 그날 내가 떼를 써서 다음날부터 학교에 다니게 된 것이 지금 생각하면 아슬아슬한 전환이었다. 글방에서 학교로의 전환에는 어머니의 힘이 컸던 것이다.

그러나 나는 재미있는 기억도 난다. 학교로 하인이 와서,

"데렌님, 아씨께서 오시래요"
하면 나는 책을 싸 가지고 집으로 간다. 그러면 어머니는 외가 이모댁의 합동놀이에 끼여가는 것이다. 동소문 밖을 나가 삼선교 근처에서 북으로 시내를 끼고 올라가면 그곳은 '삼선평(三仙坪)'이라 하여 앵두밭이 명물이었다. 나는 어머니 손에 이끌려 잘도 뛰어놀았던 것이다.

아랫방 하숙 학생이 가정교사로 변하여 나를 가르쳐 주게 되

있었는데 당시 강습소와 같았던 보인학교를 그만 두고 매동학교(梅洞學校)로 가라기에 매동학교로 옮겼다.

뒤에 다시 부속학교로 옮긴 것이지만 첫출발이 좋지 않아선지 내 공부는 시원치 않았다.

밤에 안방에서 등잔을 켜놓고 내가 공부를 한답시면 어머니는 바느질을 하시며 나를 항상 격려해주셨다. 건넌방에서는 아버지의 글 읊으시는 낭랑한 음성이 들렸다. 어려운 살림살이기는 했지만 평화로운 가정이었다. 그런 우리 집에 큰 불행이 닥쳐오고 있다는 것을 누가 알았으랴.

열세 살 때의 여름이다. 8월 20일 밤 어머니는 편찮으셨다가 그 이튿날 아침에 돌아가신 것이다. 연세 겨우 서른일곱이셨다. 부인네 조객이 오면 도리어 우리를 보고 통곡을 했다. 나는 몰랐지만 보기 딱한 것이었음은 틀림없었을 것이다. 상여 뒤에 꼬마둥이 상제들이 인력거에 나란히 앉아 따라간 것이니 상여가 쉴 때마다 길가던 여인들이 혀를 차며,

"애개개, 쯔쯧"

하던 것이 잊혀지지 않는다. 임시로 탑골에 모신 어머니 산소에 한식과 추석에 아우와 같이 피크닉이나 가듯이 성묘를 갔다. 그러면 우리는 묘지기 집을 피하여 멀찍이 돌아서 산으로 도망꾼같이 올라간다. 왜냐하면 내 형편으로는 묘지기에게 줄 선물이 없었기 때문이다.

그러나 흐리멍덩하던 나는 어머니를 여의고서 사람이 변했다. 그때부터 공부에 열심이었던 것이다. 이듬해 3월, 우리 형제는 상장과 상품을 궤연 제상 위에 쌓을 수 있게 되었으나 이미 때는 늦어 있었다.

재작년 봄이다. 학위를 받고 뒤이어 서울시문화상을 탔을 때 제일 먼저 머리에 떠오른 것이 어머니 생각이었다.

어머니는 고생만 하시다가 돌아가셨으니 내가 좋은 일을 당할 때마다 마음 한 구석이 허전하여진다. 대학을 마친 때에도 그러하였지만 가장 강하게 느껴진 것은 학위를 받을 때와 또 시공관에서 문화상을 타던 때였다.

시공관 단상에 우리 내외가 나란히 앉아 있었다. 관중석에는 집안 식구나 일가가 소문을 듣고 많이 나와 주었다. 내가 박수 속에서 카메라맨의 플래시를 받으며 수상자를 대표하여 내빈에게 간단한 답사를 하려고 연탁(演卓)에 올라섰을 때. 관중석 한 자리에 젊은 어머니가 아니라 늙으신 어머니가 오신 것 같은 느낌에 그만 가슴이 뭉클해졌다. 어머니 산소 아래 사는 조카에게 전부터 밭을 사주고 싶었던 터라, 상금은 봉투도 떼지 않고 시공관 문앞에서 내어주었다.

내가 어려서 여읜 어머니지만 그 성격을 어느 정도 알기는 한다. 그러나 자라서 아버지의 회고담을 들으면 어머니는 재주가 뛰어난 분이었다고 한다. 아버지가 시회(詩會)에서 지은 한시를 읊으시면 그 뜻과 자구의 용법의 오묘를 즉석에서 평하셨다고 한다. 그래서 아버지께서,

"너희들은 어찌 그 재주를 타고나지 못했는지……"
하실 때가 가끔 있었다. 그리고 사리의 판단이 정확하시고 결단력이 세시었다고 한다. 외조께서 외숙이 너무 온순하심을 한탄하셔서 하시는 말씀에,

"경녹 어미하고 윤수가 바뀌어 태어났으면 집이 흥할 것인데"

하신 말이 전하여왔다. 아닌게 아니라 외숙은 어려운 일이 생기면 집에 달려오셔서 어머니께 보고하고 의논하는 것이 상례였다. 그러면 어머니께서,

"여차여차하면 좋다"

라고 단을 내리시고 외숙은 그대로 실행하신 모양이다. 그래서 어머니가 돌아가신 뒤에 가끔 외숙께서는 슬퍼하시며,

"나는 그때부터 어려운 일을 의논할 곳을 잃었어"

하셨던 것이 기억난다. 따라서 어머니는 미신 같은 것은 문제로 삼지 않으시어 나는 부적 한 번 차 본 일이 없다. 정말 어머니께서는 이지적이시고 판단력이 정확하시고 또한 결단력이 세신 분이라고 하겠다. 두뇌가 명석하신 것은 물론이다. 나는 어머니의 좋은 점을 타고 나지 못한 것을 한한다. 그러나 때로 남과 싸울 줄도 알고 남에게 쉽사리 밀리지도 않고, 필요하다면 반발력을 보이기도 함은 어머니의 기질을 조금 이어받은 것이라 믿는다. 키가 작은 것도 또한 그러하다.

　나는 나이가 들기 시작하면서 가끔 어머니의 고생하시던 회상이 떠오르는데 그것이 그저 마음이 아프다. 어머니는 아마도 나를 키워서 장가를 들여가지고 노래(老來)에 낙을 보려 하신 것인 듯하다. 일제 시대에 우리가 무엇을 그리 기대할 수 있었으랴. 더구나 3·1 운동 뒤의 소란한 세대에 어머니는 그리 큰 기대를 내게 걸지는 않으셨을 것이라 믿는데, 내가 자라 성인이 되고 보니 때로 어머니가 계셨더라면 하는 푸념을 쏟게 된다.

　'나무가 고요하고자 하나 바람이 그치지 아니하고, 자식이 봉양코자 하나 어버이가 기다리지 아니하는도다' 는 어려서 배운 옛글이다. 내 나이쯤 하여 양친을 함께 모신다는 것이 그 무

슨 복이랴마는 아버지는 그래도 힘껏 받들어 모신 편이 되니 더 욕심을 부릴 것도 없다면 없겠지만, 어머니께는 털끝만한 효도를 할 기회조차 하늘이 주시지 않았다는 것은 내 일생 갚지 못할 채무를 지운 채로 버려두신 셈이다.

그러나 내가 할 수 있는 지금의 효도는 내가 맡은 바 임무를 다하여 어머니가 나를 낳으신 보람 있는 기록을 내가 스스로 노력하여 만드는 것이 아닌가 하고 이것을 자위(自慰)로 삼는다.

돌아가시기 직전에 아버지께,

"내가 저것들을 두고 죽다니……"

하시던 어머니의 말씀을 명심하여 내가 스스로 사람다운 길을 걸어 그 염려하신 것을 몇백 배로 표를 내어드려야 할 것이다.

이것이 내가 어머니께 할 수 있는 효도가 아닌가 한다.

간병만필

김 정 한

  책임이란 것은 어떤 사고가 있을 때만 요구될 것이 아니라 인간의 모든 행위에 요구되어야 할 것이라고 생각한다.
  가령 정치가 부패하여 국민의 생활이 도탄에 빠지게 되었다면 위정자가 당연히 책임을 지고 물러나야 하겠고, 부정부패가 없고 사회적 질서가 서 있는 환경 속에서 한 집안이 몰락하게 될 경우에는 가장이나 주부가 자기들의 무능을 솔직히 인식하고 반성하는 것이 떳떳한 일일 것이다.
  그러한 책임을 맡은 사람들이 자기들의 독선이나 무능을 우물쭈물 은폐해서는 되시도 않고 또 될 일도 아니다. 그것은 마치 속살이 썩어가는 병에 근본적인 수술이나 약은 쓰지 않고 그저 겉치레로 붕대만 적당히 감아놓고 체면 유지를 하려는 수작과 꼭 같기 때문이다.

金廷漢(1908~1996) : 소설가. 부산대 교수 역임.

최근 나는 노모(老母)의 간병(看病)을 하면서 인간의 책임 문제에 대해서 새삼 생각해볼 기회를 가졌었다. 어머니는 예순이 넘었지만 아직 하얀 머리카락이 그리 보이지 않는 팔팔한 노인이었다.

그렇게 팔팔하던 노인이 갑자기 위독한 상태에 빠져 무더운 여름철에 오래 몸져 눕게 된 것은, 직접 동기는 어디에 있든 적어도 그 원인은 자식된 나의 불효와 무책임에 있다고 생각한다. 가까이 모시지 않았던 나의 불찰의 탓이기 때문이다. 그래서 속담에 이르듯이 호미로 막을 수 있는 일을 괭이로도 막기 어려울 만큼 일이 커지고 말았던 것이다.

내가 어머니를 가까이 모시지 못한 것은 물론 내 본의가 아니다. 도리어 직접 모시는 것보다 정신적으로나 경제적으로나 부담이 더 컸지 적지는 않았다. 내게 딸린 어린것들이 많은 데다, 딴은 민주주의를 해보겠다고 수입도 없는 나들이에 곧잘 또는 오랫동안 비우게 마련이었던 내 집에 모시는 것보다 본인의 의사도 그러했거니와 차라리 아버지가 사시던 시골집에서 막내아들을 데리고 조용한 세월을 보내시는 편이 본인에게는 마음 편한 일이었을 거라고 생각했던 것이다.

다만 내 죄는 몸이 편찮다는 소문을 듣고서 진작 뛰어가 뵙지 못한 데 있다. 나는 드디어 급보를 받고서야 뛰어갔고, 가던 그 날로 곧 어머니를 내 집으로 모셔왔다.

나는 새삼스레 나의 불효를 변명한다든지 봉건적인 도덕론을 들출 생각은 가지지 않는다. 다만 은의(恩義)와 책임을 저버린 나 자신이 그지없이 가련하고, 또 그러한 시대풍조에 커다란 반감을 느낄 따름이다. 은의와 근원에 대하여 등한하고 무책임한 것이 현대인의 병폐가 아닐까?

나는 커다란 죄책감을 느낀 나머지, 이미 병세가 절망적이니 굳이 모시고 갈 필요가 없다는 일가 친척들의 만류를 듣지 않고 기어이 그날 밤중에 부산으로 모셔왔다. 그러곤 자정이 넘은 오밤중에 중학 동창인 의사를 불러대고, 다음날 아침에는 또 다른 의사까지 불러왔다.

동창인 의사는 희망이 없는 듯한 표정으로 그저 지켜보기만 했지만, 다른 의사는 뭔가 짚이는 게 있었는지 내게 뜻밖의 질문을 하였다.

"자당께서 글자를 아십니까?"

어머니는 혀가 완전히 굳어져서 말을 전연 못했기 때문이다.

나는 한글은 알아보신다고 대답했다.

그 의사는 곧 종이에 '아편'이란 두 글자를 커다랗게 쓰더니 어머니를 흔들어 눈을 겨우 뜨게 하곤 그것을 가까이 갖다 보였다.

어머니는 간신히 고개를 끄떡였다.

의사는 다소 안도의 한숨을 내쉬는 듯하며 어머니의 팔목을 놓았다. 아편 과용으로 진단했던 모양이다. 그는 곧 내 동창인 의사와 의논하더니 거기에 맞는 구급치료를 시작했다.

나는 돌아가신 아버지께서 우리들이 심한 배앓이를 할 때 가끔 쓰시던 아편을(그것이 아버지의 갓집 안에 있었다는 것을 그제야 기억에 떠올렸다) 복통이 심한 나머지 너무 많이 자신 게로구나 짐작했다.

그 의사의 덕으로 어머니는 다음날 겨우 의식을 조금 되찾고 못 하시던 말까지 제법 더듬거리게 되었다.

"어머니, 어서 일어나셔야죠"
하고 드시기 힘드는 듯한 약을 권하면,

"오냐, 곡가도 비싸고 또 이렇게 더운 철에 내가 죽어서 되겠니? 새 곡식이나 나고 백물이 좀 흔해질 때 죽어야 네 고생이 덜할 텐데……."

이러시면서 잘 넘어가지 않는 약을 억지로 넘겼다. 약을 넘기노라고 목에 힘을 주시는 걸 보곤 눈물이 나도록 고마운 자식에 대한 사랑을 새삼 느끼게 되었다. 동시에 진작 가 뵙지 못한 나의 무책임과 불효를…….

어머니는 정치라든지 준법 정신이라든지 현대 윤리라든지에 대해서는 아무런 상식도 가지지 못한 옛 노인이다. 다만 어머니로서의 책임을 다했고 국민으로서도 의무를 완수한, 그러면서도 사회에서, 아니 자기가 낳은 자녀들로부터도 소외당하게 마련인 존재다. 누구들처럼 그 흔한 '애국'을 한번도 부르짖은 일이 없다. 그 대신 국가의 세금 1전 떼어먹은 일도, 횡령한 일도 없다. 그저 터무니없이 비싼 비료를 아무 불평 없이 사가지고 자식들과 나라를 위해서 삼복 더위를 덥다 않고 흙과 싸우며 살아왔을 따름이다.

"얘야, 해방이 됐다는데 너는 왜 벼슬 같은 걸 아무것도 하지 않니? 너만 못한 사람들도 다 나덤비는 모양인데……."

내가 고향을 찾을 때마다 이렇게 안타까워하시던 어머니의 마음이, 지금 이따금 떠보는 어머니의 눈빛에 되살아나는 것 같아서 마음속이 절로 어두워지곤 한다.

감투를 못 썼으면 옛날처럼 글이나 계속했었더라면…… 하는 생각도 들긴 하지만 지금의 세태로서는 그것마저 될 것 같지도 않아 차라리 아무렇게나 굴지 않는 편이, 그러한 어머니의 아들로서 옳게 사는 길이 아닐까 여겨지기도 한다.

  천하의 양서(良書)를 모조리 불사르고 양심을 가진 인사들을 몰강스럽게 죽이고 찢고 하던 독재자들처럼 거만스런 8월의 태양은, 구름 한점 얼씬 못하는 창공에서 지상의 만물을 말려 죽이려는 듯 불길 같은 연기를 내리쏟아, 가뜩이나 무더운 내 좁은 방을 화덕 속같이 못 견디게 만들어 실날 같은 목숨을 이어가는 노모의 이마에 구슬땀을 더욱 돋게 한다.

  내 집이 산기슭에 가까운지라 찌는 듯한 대낮에도 곧잘 매미소리가 들려온다. 아침 저녁은 예사롭게 들리지만 불볕 속에서 울어대는 매미소리는 폭양과 대결이라도 하는 발악같이 느껴지기도 한다. 그래서 나도 어머니 곁에서 지치지 않고 부채질을 해댄다.

내리사랑 치사랑

전 택 부

'사랑이란 내리사랑하지 치사랑은 아니다'는 말이 있다. 이 것은 자식이 부모의 사랑만 받지 그 사랑에 보답은 못 한다는 뜻에서 하는 말이다.

나의 경우가 바로 그것이다. 나는 내 부모님의 그 희생적이며 한없는 사랑만 받았지, 언제 내가 한 번이라도 그 사랑에 보답한 적이 있는가? 이걸 생각하면 참말 미안하고 죄스럽기 그지없다. 후회가 막심하다. '나무가 고요하고자 하나 바람이 그치지 않고 자식이 효도(孝道)하고자 하나 어버이는 기다리지 않는다'라는 말이 아마 나의 경우를 두고 하는 말인지도 모른다.

내 어머님은 6·25 동란 때에 세상을 떠나셨다. 더 자세히 말하면 9·28 수복 때 우리 국군이 입성하는 것을 보고 만세를 부르다가 세상을 떠나셨던 것이다. 그때 어머님은 74세의 노인이

全澤鳧(1915~   ) : YMCA 명예 총무·《사상계》 주간 역임.

셨다. 너무 일찍이 가셨다고는 볼 수 없으나 일평생 고생만 하시다가 가신 것이 가슴아파 하는말이다.

6·25가 터지자 나는 서대문 쪽에서 을지로 4가에 있는 나의 형님 집에 가서 숨어 살았다. 내 신분이 알려지면 반드시 끌려가 죽을 것이 분명했기 때문이다. 그래서 나는 철저히 숨었다.

그런데 차츰 내 마음속에는 반성이 생겼다. 형님과 아내가 벌어다주는 밥만 먹고 내 목숨이 아까워 숨어만 있다는 것은 잘못이다. 더욱이 국군은 적과 싸우는데 나는 이 꼴이 뭐냐, 이런 생각이 들면서 책 하나를 번역하기 시작했다. 그 책은 스위스 취리히 대학 총장 에밀 브루너 박사의 《정의와 사회질서》란 책이었다. 이 책은 그가 2차대전 때 히틀러의 불의를 보고 분개하여 쓴 책이었다. 이 책을 나는 6·25가 터지던 아침에 탐독하고 있었던 것이다.

형님 집에 피신해와서는 주로 나는 지붕 위 우묵한 곳에 숨어 살았다. 바로 국도극장 옆의 거리 집이었지만 지붕이 우묵하게 생겨서 거기에만 올라가 숨으면 안전했기 때문이다. 그러니까 낮에는 유엔군 비행대가 폭격하는 광경을 볼 수 있었고, 밤에는 인민군의 활동을 내려다볼 수 있었다. 해만 지면 활동을 시작하는데, 인민군들이 야음을 타고 남으로 남으로 행군하는 것을 보고서는 치가 떨렸다.

이 광경을 보고서야 어찌 견딜 수가 있었겠는가? 이것이 내가 그 책을 번역하게 된 직접적인 동기다. 나는 국군처럼 총들고 싸우지는 못할망정 그 대신 공산주의 사상을 비판하는 책이라도 번역하자 해서 그랬던 것이다.

내가 번역을 시작하자 집안 식구들은 모두 반대했다. 그러나 내 어머님만은 처음부터 나를 지지해주셨다. 그래서 내 아내는 가겟방 앞에서 꽈배기 장사를 하면서 망을 보고 어머님은 안에서 살림을 돌보시면서 어린아이들을 맡아주셨다. 그 더운 여름날, 어머님은 무척이나 고생하셨다. 형님 내외분과 내 아내가 조금씩 벌어다주는 보리쌀을 가지고 10여 명 식구를 고루 먹이느라고 무척이나 마음을 썼다.

나는 낮에는 가끔 지붕 위에서 내려와 어머님과 대화할 수 있었다. 단둘이 서로 마주 앉으면 어머님께서는 낮은 목소리로,

"얼마나 썼니?"

하는 것이었다. 그리고 내 다리가 퉁퉁 부어올라 고생하는 것을 보시고는 남몰래 감추어두었던 보리밥을 주시면서,

"이거라도 먹고 기운 내서 빨리 써라"

하시는 것이었다.

9월에 접어들자 내 원고는 1600매에 육박했다. 한편 우리측 폭격이 심해져서 더 이상 쓸 수가 없었다. 9월 27일 오후에는 아이들을 데리고 나는 국도극장 밑에 들어가 이불을 뒤집어쓰고 숨었다. 그러나 황급히 아내가 뛰어와서 소리를 지르는 것이 아닌가? 국군이 입성한다고! 이젠 살았구나 하며 집에 돌아와 보니 어머님께서 문턱에 걸려 넘어진 채 신음하고 계시지 않는가? 알고 보니 어머님께서는 거리에 나가 입성하는 국군을 향하여 만세를 부르고, 집집마다 문을 두들기며 회보를 전하고 집에 들어오시다가 그만 쓰러진 것이다. 오랫동안 잡수시지 못하고 지치신 몸에 너무 흥분되어 그만 졸도하셨던 것이다.

졸도하신 지 사흘 만에 어머님은 영영 눈을 감으셨다. 할 수 없이 우리 형제는 어머님을 효창공원(그 당시는 집이 하나도 없었

음)에다 가장을 했다.

　불행하게도 1·4 후퇴가 됐다. 이번에는 나도 총들고 나가 싸우기로 결심했다. 우선 내 아내와 아이들 셋을 마산으로 피란을 보내고 나는 혼자 처져서 입대를 했다. 그 당시 방위군이 곧 정규군으로 개편된다고 하기에 나는 우선 방위군에 입대했던 것이다.

　입대할 때 나는 두 가지 물건만 들고 나섰다. 하나는 어머님께서 내가 장가갈 때 손수 해주신 이불 한 채이고, 또 하나는 《정의와 사회질서》의 원고 보따리였다. 이것을 둘러메고 나는 온양 훈련소에 자진 입대했던 것이다.

　아! 그러나 우리 훈련병들은 거기서도 또다시 후퇴를 해야만 했다. 걸어서 대관령을 넘어 부산 범어사까지! 그러나 나는 한 번 싸워보지도 못하고 휴전이 되고 말았다.

　그 뒤 나는 이 책을 출판하는 데만 마음을 썼다. 드디어 1954년 3월 사상계사 발행으로 초판 2000부를 내기에 성공했다. 출판된 지 반 년도 되지 못해서 이 책 2000부가 거의 다 팔렸다. 출판비의 일부는 원저자 브룬너 박사가 원조해준 것인만큼 얼마의 목돈이 생겼다. 그래서 나는 그 돈으로 필동에다 터를 사고 10평짜리 조그만 집을 짓게 되었다.

　그때의 내 기쁨이란 이루 헝언하기 어려웠다. 그 순간 나는 어머님의 은혜를 갚아야지 하는 생각이 들면서 아버님의 글씨를 써받아 기념하기로 했다. 궁리 끝에 나는 상량을 할 때 그 집 마룻대에다 재래식으로 '상(上)'이라 쓰는 대신 '너희는 먼저 하느님의 나라와 그 의를 구하라'라는 성경말씀을 써달라고 했다. 아버님께서는 내 말을 듣더니 빙그레 웃으시면서,

"내가 언문 글씨를 잘 쓸 줄 알아야지!"
하시며 써주셨다. 분명히 내 생각을 아시는 것 같았다.

5년 전에는 그 집을 팔고 이사를 가야만 했다. 그런데 제일 마음에 걸리는 것은 그 마룻대에 쓴 아버님의 글씨였다. 저것을 떼어 가지고 갈 수도 없고, 버리고 가자니 부모님의 은덕을 저버리는 것 같기도 해서 무척 고민을 했다.

그 뒤 가끔 필동을 지나다가 옛집을 들여다보면 그 집이 헐리지 않고 누군가가 살고 있어 퍽 마음이 놓이더니 지난봄에는 그 집이 헐리고 큰 빌딩이 서 있었다. 아, 그 집이 헐리는 줄 알았더면 그 마룻대만이라도 달라고 해서 가지고 올 것을, 하면서 퍽 마음이 아팠다.

《정의와 사회질서》의 초판을 낸 지 2년 뒤인 1956년에 제2판을 냈다. 그때는 '정의와 사회질서'라는 아버님의 글씨를 받아 제호로 삼았다. 그것을 쓰시고 아버님께서도 만족해하시는 것 같았다. 그러나 워낙 연세가 많으신지라 1957년, 내가 YMCA에 들어갔던 해 6월 17일에 세상을 떠나셨다. 그때 아버님께서는 82세, 그러니까 어머님께서 세상을 떠나신 지 7년 만이었다. 망우리에다 모시고 어머님을 아버님 곁으로 천묘하여 합장으로 모셨다. 그리고 내 손으로 비문을 지어 비석을 세웠다.

"구한말 극도로 부패한 정계에 실망하여 아호를 초은(樵隱)이라 짓고 낙향해서 농부가 되었느니라"
고 썼다.

자식이라면 누구나 후회하지 않는 사람이 없겠지만, 나는 더욱 후회가 막심하다. 나는 부모님을 괴롭히기만 했다. 어릴 때에는 철이 없어 그랬고 중학교 때는 퇴학을 당해 그랬고 6·25

뒤에는 전쟁 때문에 그랬다. 나는 부모님의 사랑만 받았지 그 사랑에 보답은 못 해봤다.

작년 여름 아버님의 제삿날에는 온 식구를 모아놓고 기념예배를 봤다. 작년이 바로 아버님의 탄생 100주년이 되는 해였기 때문이다. 간단히 아버님의 생애와 뜻을 아이들에게 설명해주었다.

그리고 나는 아이들에게 내 아호를 어찌하여 오리(吾里)라고 지었는가를 설명해주었다. 첫째로, 내 이름은 택부, 즉 못 택(澤) 자와 오리 부(鳧) 자를 써서 택부(澤鳧)라 하는데 아버님께서는 내가 어릴 때는 '오리'라고 불렀기 때문이라는 것, 둘째로, '오리'라는 그 음을 그대로 이용하여 '오리(吾里)'라고 쓴 것은 두고 온 내 동네, 내 고향, 내 이름을 지어주신 부모님을 사모해서 오리라 했다는 것을 설명해주었다.

어찌 보면 구구한 설명이었다. 살아계실 때 하나도 효도 못하고 부모가 세상 떠난 뒤에 사모나 하는 것은 아이들에게 면목이 없는 일이었다. 하지만 나는 부모님의 애정과 사랑을 잊을 수가 없다. 나는 자신 있게 내 부모를 아이들에게 자랑할 수 있었다. 비록 나는 자식된 도리를 다 지키지 못했지만 그 뜻만이라도 치받아 살아야겠다는 생각이 간절하다. 그 순수한 애국심이라도 치받아 살아야겠다.

금년 겨울이면 어머님의 탄생 100주년이 되고, 세상을 떠나신 지는 27년이 된다. 그때가 되면 나는 어머님이 그처럼 원하시던 그 무엇인가를 보여드리리라 마음먹고 있다.

치사랑! 나는 물질적으로는 부모님께 효도를 못했다. 하지만 정신적으로는 효도할 기회가 아직 남아 있다는 것을 안다.

우리 민요가 하나 생각난다.

뒤터에다 목화 심어 송이송이 따낼 적에
좋은 송이 따로 모아 부모 옷에 많이 두고
서리맞이 마구 따서 우리 옷에 놓아 입자.

나는 이런 따뜻한 효도를 못 해봤다. 그래서 후회가 막심하다.
그 대신 나는 정신적으로라도 부모를 사모하고 공경해야겠다. 그것으로써 나의 부족한 치사랑을 조금이라도 보충하기 위해서…….

연포에서 어머니께 드립니다

남광우

    1972년 변산 해수욕장을 다녀온 후론 5년 만에 이곳 연포에 왔습니다. 오래간만(?)에 에미(사전에는 어미)와 연주(姸朱)와 기용(基鎔) 셋만을 데리고 온 것입니다.
    해마다 한 차례씩 아이들에게 졸려 동해안이다 서해안이다 남해안이다 계획을 세우고는 이 핑계 저 핑계로 끌어오던 해수욕장행이었습니다.
    그런 데다 올해는 30도 이상의 더위가 열흘 이상이나 계속되어 서울도 34도 7분인가 하는 더위였지만, 제가 10년 남짓이나 살았던 대구, 어머니께서도 세 피란생활을 살피시노라 한 번 다녀가신 그 대구는 39도 5분으로 35년 만의 혹심한 더위에 여기저기 해수욕장은 '만원'이다 못해 '초만원'이라는 '올(올해)'이어서 바다의 유혹이 아주 없는 바도 아니었습니다.

南廣祐(1920~   ) : 국어학자. 인하대 교수 역임.

언제부터 그렇게 여름이면 바다나 산을 찾아야 하는 백성이 되었는지, 하여튼 지금은 더위에는 산으로 바다로 피서를 가는 것이 예사로 된 세상이어서 한편으론 '이래도 좋은가' 하면서도 또 한편으론 그만큼 잘살게 된 세상이니 '얼마나 좋은가' 하기도 합니다.

8월 3일인 어제 아침 9시 15분 좀 지나 용산 버스 정류장에서 출발, 4시간 남짓 시간이 걸려 이곳에 닿았습니다.

천안까지 고속도로, 온양·예산·홍성·태안을 거쳐 이곳까지의 아스팔트길을 달리면서 참 좋은 세상, 이 세상 살아보지 못하시고 호강 한번 하시지 못한 채 돌아가신 어머니를 생각했습니다. 고속 길보다도 옛날 같으면 생각지도 못했던 이곳 연포까지의 아스팔트길을 달리면서 어렸을 무렵 외가댁인 과천 이모댁이 있던 상대원(지금은 성남시의 한 동네)이나 두겨울(용인 포곡), 누님이 있던 고재미(광주 오포) 등엘 걸어다니던 일을 회상했습니다.

집인 태봉(광주)에서 좋이 10리·20리·30리·40리 아니 60리 되는 시골길, 고개를 넘고 내를 건너고 하는 험한 길을 모시고 다니던 일이 되살아났습니다. 언젠가 한번은 집에서 늦게 떠난 까닭도 있었지만 상대원 이모댁엘 가는데 고개를 넘자 어두워지고 익지 않은 길에 천신만고한 일도 있었습니다.

찻길이 없는 데도 있었지만 돌아가기만 하면 차를 이용해서 걷는 거리를 줄일 수 있어도, 그 '돈'이 귀해서 타박타박 걸어 어머니 뒤를 따르던 그 시절이 아득히 떠오르곤 했습니다.

그러니까 제가 보통학교 시절, 할아버지 내외분 모시고 우리 삼형제(시집간 누님 빼고)에 객식구도 어지간히 많았던 큰집 살림에 아버지께서 십수 년을 다니시던 면장(광주)직을 내놓으신 뒤 당시 일고(一高, 지금의 경기고)를 다니던 형의 학비나 식비도 대기 어렵던 가난의 시절이 어제만 같습니다.

그러고 보니 비라도 오는 날이면 우산이 없이 10리 길을 '부대'를 우산삼아 쓰고 다니던 일, 그 언젠가는 월사금, 고작해야 '60전(지금의 천원?)' 정도의 돈을 마련 못해서 집으로 쫓겨오던 일을 떠올리면서 이런 일들에 얼마나 가슴 아파하셨을까를 되새기고, 어머니께서 그 월사금 꾸어보겠다고 애쓰시던 일, 유난히 싫어하던 꽁보리밥에 조밥이라도 좀 먹었으면 하는 이 철없던 아들의 소원을 들어주시겠다고 고모댁으로 데리고 가시던 어머니를 떠올려봅니다.

생각하면 참으로 어머니께서는 일만으로 평생을 지내신 분입니다. 위로 연로하신 시부모님 모시고 일꾼 두고의 큰 농사일·모내기·보리베기·보리타작·벼베기·벼타작의 뒷바라지로 아침 점심 사이(아침과 점심 사이에 먹는 밥)·점심 저녁 사이(점심과 저녁 사이에 먹는 밥)를 해보내셔야 했는가 하면 방아찧기, 절구질에다 안방·거는방(건넌방)·큰사랑·작은사랑에 풋나무로 불때기뿐이었나요, 쇠죽끓이기 등으로 종종걸음을 치시다가 밤이면 어두운 등잔불 아래서 바느실을 하시고는 했습니다.

마음이 내키면 어머니 시중들어 조석 때 밥을 나르기도 하고 방에 불을 때기도 했으며, 다리미질하실 때면 붙들어드리기도 하고 날기멍석(벼멍석)을 널기도 거두어들이기도 하던 일이 어머니의 사랑과 함께 그리워집니다.

어머니, 과천에서 나셔서 태봉으로 14세에 시집오신 후로 고

생과 희생의 평생을 보내시면서 잘 입지도 잡수시지도 못하시고 편히 잠도 못 주무시면서 살다 가신 일생을 생각하면 제가 어떻게 이렇게 해수욕입네 하고 처자식 거느리고 올 수 있는가 하는 생각이 들기도 하고, 한차례 이 해수욕장 풍경을 보여드리고 세상 사람이 다 즐기는 그 해수욕 한번 하시도록 못한 것이 못내 아쉽기도 합니다.

아마 바다에 와서 보시면 '말만한 계집애가 저럴 수가 있나?' 하시거나 아니면 '아낙네가 저게 뭐야, 망측스럽게' 하실 것입니다.

그래도 새시대를 살아온 저지만, 제가 보기에도 민망할 정도의 차림새의 아낙네나 계집아이들, 다른 말로 하면 어엿한 유부녀나 미혼여성, 여대생들이 득실거립니다. '피서'라는 이름의 해수욕장엘 왔는데 모시적삼, 모시치마 입고 버선 신고야 올 수 있겠습니까마는 그래도 한국 여성다움은 간직했으면 하는데, 세상은 자꾸 변해만 가니 잠꼬대 같은 소리는 그만두어야 하겠지요. 그러나 한마디 하지 않을 수 없는 것이 제 천성이 아니겠습니까. 바로 저 자신은 어머니의 다심(多心)과 아버지의 대범(大泛)을 닮은 양면이 있다고 생각합니다마는 에미가 대범보다는 다심 쪽이라는 평을 서슴없이 하는 것을 보면, 어떻든 세상 근심을 도맡아하는 그 다심은 아무래도 어머니의 그림자인가 합니다.

잔사설이 길어졌습니다마는 어디 차림새뿐입니까. 남남끼리가 분명한데 젊은 남자와 주고받는 말씨, 행동거지는 소학이나 내훈이나 여사서('여계〔女誡〕'·'여논어〔女論語〕'·'내훈〔內訓〕'·'여범〔女範〕') 등에 보인 범절 있는 동양 여성의 그것은 아닙니다. 아무래도 서양풍이 몰고 온 풍경이 아니겠습니까. 부끄럼도 스스럼도 다소곳함도 은근한 정취도 사라져간 시대풍이라고나 할 것인지요. 12세 때였던가, 새 형수가 들어왔는데 소매 없는 러닝셔츠 입었다고 꾸중하시던 어머니의 말씀이 생각납니다. 그러나 남녀칠세부동석이란 말도 상투처럼 전시대의 유물로 화한 지 오랜 것임을 어머니께서도 보시지 않았습니까. 하기야 남녀칠세부동석이어야 할 까닭은 어디에 있으며, 서양풍을 모두 배격할 것이야 어디에 있겠습니까.

문명한 세상을 뒤좇아가는 것이 상례여서 옛날엔 중국을, 가깝게는 일본을, 해방 후에는 미국의 문화를 받아들이고 모방하고 해서 오늘에 이르러 지금 가만히 '내것'이 무엇이 남아 있나를 따져보면 이래서 되겠는가 하는 생각이 드는 일면이 있습니다.

그러나 한편 가만히 생각해보면 삼국시대의 저 신라·고구려·백제나 고려·조선조를 통해 연면히 우리의 천재(天才)를 보여온 과학 문화나 예술 문화가 많고, 수없이 중국대륙이나 일본의 침공을 받으면서도 국토를 보전하고 이 민족이 살아남았으며 우리의 말이나 글이 용케 명백을 유지해왔습니다.

뿐만 아니라 최근에 와서는 농촌에서도 그 가난으로부터 벗어나자는 의지 아래 '새마을 운동'이 크게 실효를 거두어 소득 증대를 이룩했으며 다시 '나'를 찾는 운동이 활발히 전개되어 우리의 전통 윤리인 충효 사상을 크게 부르짖게 되었습니다.

어머니께서 살아오신 구한말, 일제, 해방 후를 통해서 방황하던 우리 민족이 이제 '마음의 고향'을 되찾아 우리 민족의 우수성을 깨닫고 문화 민족의 긍지를 되찾을 조짐이 보이고 있습니다. 물론 이해가 얽히고 설킨 미·소·일·중국의 4강이 우리를 둘러싸고 있으며 북한의 적화통일의 야욕이 항상 우리를 위협하고 있습니다마는 우리 국민이 하나로 뭉쳐 자위(自衛) 태세를 갖출 경우, 하늘은 우리 편에 서실 것입니다.

더위에도 그 흔한 해수욕 한 번 즐기시지 못한 어머니, 곧 틈을 내서 어머니 뵙고자 성묘길에 오르겠습니다.

효와 교육

최 태 호

어릴 때 살던 동구 밖 고갯길에 서낭당이 있었다.

서낭당 앞에는 빨강, 노랑, 하양——여러 가지 빛깔의 헝겊이 새끼줄에 매어달린 채 바람에 날려서 유난히도 눈에 띄던 돌배나무가 있었다.

먼 거리에는 돌무더기가 수북하게 쌓여 있었고, 지나는 사람마다 돌 몇 개씩을 집어다 거기에 던져놓고 가기도 했다. 유심히 보면 간혹 무언가 중얼거리기도 하고, 어떤 할머니는 일부러 침을 뱉고 가기도 했다.

나는 그 앞을 지나는 것이 서먹스럽고 두려움까지 들어서 마음을 조이며 곁눈질도 못하고 바삐 뛰다시피 내빼는 버릇이 있었다.

귀신 붙은 나무——펄럭이는 헝겊조각에는 꼭 도깨비라도

崔台鎬(1915~1987) : 아동문학가. 춘천교대 학장 역임.

붙은 것 같은 그런 마력이 있어 보였다.

서낭당에서 한참 가면 더 기분 나쁜 집이 있었다. 반쯤 기울어진 집 속에 상여의 울긋불긋한 빛깔이 보이는 반면에 지붕이 썩어서 골이 진 데다가 잡초가 우거져서 그야말로 도깨비 소굴임에 틀림없는 귀기(鬼氣)가 서려 있는 모습이었다.

그러데 나는 어머니와 같이 그 앞을 걸어갈 때만은 가슴을 펴고 용기를 내어 그 무서운 것들을 태연하게 살펴보는 여유를 가질 수 있었다. 어머니는 나와 반대로 그런 것들이 눈에도 비치지 않는 것처럼, 말하자면 무시하고 있는 게 틀림없었다.

어머니는 예수를 믿고 있다는 것이었다. 예배당에 가서 기도를 드리는 몇 사람 중의 하나였던 것이다. 그래서 나는 예수를 믿는 사람은 이 세상에서 귀신이 범접을 하지 못하는 힘을 얻는 것으로 알았다.

거의 60년 전 일이니까 농촌에서 예수를 믿는다는 건 드문 일이었다. 집집마다 터주 항아리가 장독대 옆에 있고 가끔 거기에 떡과 음식을 차려놓고 고사를 지내는데 우리 집에선 그런 별스런 행사를 못 보고 나는 자랐다.

이렇게 이야기하고 보니 우리 어머니가 일찍 개화한 선구자로 들릴지 모른다. 나중에 안 일이지만 어머니가 예수를 믿게 된 동기는 오로지 아들인 나한테 있었다고 한다.

나는 지금은 호적에 장남으로 되어 있지만 사실은 5남매 중의 3남이었다. 나 위 아래의 4남매가 모두 어려서 죽은 셈이니 어머니의 슬픔과 고통을 짐작할 만하다. 그래서 남처럼 터주 항아리와 서낭당에 손이 닳도록 빌어도 보았을 것이고, 울며불며 병 간호한 보람 없이 눈물 마른 얼굴로 허탈하게 4남매를 흙 속에 묻기도 하셨을 것이다. 그러니 예수쟁이란 이단(異端)의 가르침도 용감하게 받아들일 수 있었지 않았나 지금 생각해본다. 그러니까 어려서 본 어머니의 꿋꿋한 걸음걸이도 아들을 데리고 다닐 때에 자연히 취해진 자세가 아니었을까 싶은 것이다.

그런데 내가 어머니에 대해서 잊지 못하는 사실은, 어머니가 호랑이를 두려워하지 않고 밤길을 걸었다는 이야기이다. 나도 갓 나서부터 잔병이 잦아 경기(驚氣)다, 복학이다, 홍역이다 하고 목록에 있는 소아병은 모두 치른 모양인데, 한 번은 아버님 출타하신 날 밤늦게 경기를 일으켜서 어머니가 서낭당 고개를 넘어 이웃 동네 한약방을 찾아가는 길에 호랑이란 놈이 눈에 불을 켜고 앉아 있었단다. 못 본 체하고 그 앞을 지나 한약방엘 갔더니 침 놓는 할아버지는 마을로 놀러 나가서 안 계시고 하여 급히 약 두 첩만 지어가지고 돌아오는데 그 자리에 호랑이가 아직도 쭈그리고 앉아 있더라나. 그래도 못 본 체하고 집에 돌아와 보니 어린것은 어느덧 경기가 나아서 정신을 차리고 있었다는 것이었다. 더욱 화제가 된 것은 마을로 놀러 나갔던 약방 할아버지가 침통을 가지고 우리 집으로 오시려다가 호랑이를 보고 기절초풍을 하셨다는 이야기다.

자식이 무엇인고! 약 먹여 살릴 일념으로 호랑이를 무시하고 밤길을 걷는 어머니의 일념. 나는 상성해서 어머니에게 그때 광경을 묻는 일이 있었다. 그랬더니 어머님 말씀이 호랑이가 눈에 보인 것 자체가 이상하다는 것이다. 자식이 죽어가는데 딴 생각할 틈이 있었겠느냐는 것이었다. 그러나 어린것이 말짱한 걸 보고 기절한 건 어머니였고, 그때는 옷이 땀에 흠뻑 젖어 쥐어짤 정도였다고…….

효와 교육 121

요즈음 학교 교육에서 효도를 새삼스레 강조한다. 언제 효도 하지 말라고 가르친 일도 없거늘, 효도가 새로운 덕목처럼 제시되는 이면에는 어머니가 자식 사랑하듯 인간 서로가 믿고 사랑하는 풍조가 없어져가는 세태를 염려하는 데에서 나온 것 같다.

효는 이른바 도덕이 아니다. 사람이 가져야 할, 아니 사람이면 누구나 가지고 있는 어버이와 자식 사이의 자연스런 사랑이 아닐까? 이해 타산이라거나 논리적인 합리의 세계가 아니라 본능적인 순수한 인정 관계일 것이다. 효자의 집에서 충신이 난다고 하는 뜻도 나라에 대해서도 핏줄 엉긴 순수한 감정으로 말착되었을 때에야 비로소 자식이나 어버이를 대하듯 자기 희생을 떳떳하게 할 수 있는 것일 게다.

나는 어릴 때 어머니가 일러준 어느 산소를 지금도 눈앞에 그려볼 수 있다. 시묘(侍墓)를 하도 정성스럽게 해서 묘소 앞 무릎 닿는 곳의 잔디가 100여 년 지난 오늘까지도 벗겨진 채로 있다는 것이었다. 인간의 일념이란 그토록 철저한 것인지, 혹 다른 이유로 그곳 토질이 잔디가 못 자라게 되었었는진 몰라도 그런 전설을 믿을 만큼 소박하고 순수하던 시대가 그립다.

학교 교육에서 효도를 어떻게 가르칠 것이냐, 이처럼 막연한 일도 없는 것 같다. 이치로 가르칠 것이 아니라 본인이 감동하여 스스로 깨달아야 하기 때문이다.

그런 뜻에서 옛날 교육 방법은 하나의 충분한 근거를 가지고 있다. 손자를 데리고 화롯가에서 들려주는 이야기, 삼강오륜의 권선징악적인 교훈을 담고 있으면서도 희한한 동화의 수법으로 들려주는 친밀감, 그런가 하면 글씨 공부에다 효자백행지본(孝者百行之本)이라든지 성현이라는 권위를 빈 문구를 뜻도 모르면서 쓰게 한 것이 후일 생각나게 하는 일종의 암시적 교육은 분명히 효과적인 것 같다. 차윤(車胤)이 반딧불로 공부를 했다는 이야기를 한 할아버지가 거짓말쟁이라고 기억될 리 없고, 어머님 병환에 쓸 약인 죽순을 찾아 눈 속을 파헤쳤더니 소복하게 나와 있었다는 이야기는 적어도 친자 관계의 믿음 가운데서는 미더운 사실로 받아들여진다.

나는 초등학교, 당시는 보통학교라는 데서 배운 몇 가지 짧은 문구들이 일생을 통해서 자꾸 자라나고 가르치는 것 같은 그런 경험 속에 살고 있다. 옥불탁불성기(玉不琢不成器) 인불학부지도(人不學不知道)라든지 덕불고(德不孤) 필유린(必有隣)이라든지, 수욕정이풍부지(樹欲靜而風不止) 자욕양이친부대(子欲養而親不待)라는 일종의 글씨 교본이 글씨로서가 아니라 목소리로서 가끔 들리는 것이다.

어머님 돌아가신 지 10년, 아버님 돌아가신 지 어언 20년에 가깝다. 오늘날 효를 가르치라고 해도 감히 부끄러워 입을 못 열 만큼 나는 두 분에게 아무것도 해 드리지 못했다. 어버이는 기다리시지 않는다는 말이 이제 진리로서 사무쳐오는 것이다.

거짓말쟁이라고 욕하면 목숨을 걸고 결투를 하는 외국이 있다고 한다. 우리 나라도 불효 막심한 자식이라고 하면 목숨을 걸 만큼 보욕을 느끼던 시질이 있었던 것이다.

이런 뜻에서 현재 우리는 과연 무엇을 부끄러워하고 있는 것일까? 부끄워할 것을 부끄러워할 줄 아는 가치관을 우리는 무엇에 두고 있는 것일까?

효는 이제라도 가치관으로서 다시 되살려야 할 인간 본성의 교육의 대상임에 틀림없다.

효도 수제

이 상 보

　사람들이 많이 모이는 공원에 가면 '잔디밭에 들어가지 마시오', '침을 뱉지 마시오' 등의 푯말이 세워져 있다.
　이것은 사람들이 잔디를 짓밟고, 침을 뱉는 경우가 많다는 사실을 입증해주는 셈이어서 오히려 공중 도덕이 문란함을 드러내는 일이다.
　오늘날 이 땅에서 충효사상을 고취하는 것도 실은 너무나도 충 또는 효가 땅에 떨어져 돌보는 이가 없기 때문에 좀 치켜올려 보자는 노력일 것이다.
　노자(老子)는 '육친불화 유효자(六親不和有孝慈)'라고 했거니와 어버이와 자식, 형과 아우, 지아비와 지어미의 육친 사이에 불화가 생기면 비로소 효행이니 자애(慈愛)니 하는 것이 내세워진다는 말이다. 곧 효행을 강조하고 자애를 호소하는 때는

李相寶(1927~　　) : 국어학자. 국민대 명예교수.

이미 육친이 화합하지 못하고 있다는 증거가 된다.

어느 누가 공기가 맑은데 숨쉬기를 걱정하며, 배가 부른데 쌀 생각을 할 것인가? 이미 갖추어져 있으면 그뿐, 달리 보채고 달라 할 필요가 없다.

그러나 요즈음은 하도 인심이 각박해지고, 자녀들이 어버이를 공경하기는커녕 그 존재조차 대수롭지 않게 여기는 세상이 되어가는 듯하여 효를 강조하기에 이르렀나보다.

효도(孝道)를 가리켜 온청(溫淸)이라고도 한다. 겨울에는 따뜻하게, 여름에는 시원하게 어버이를 모시는 것을 말한다. 또 정성(定省)이란 말도 쓴다. 저녁에는 잠자리를 펴드리고 아침에는 문안을 여쭙는 행동이 바로 효도이다.

그리하여 '동온이하청 혼정이신성(冬溫而夏淸 昏定而晨省)'은 쉬운 일이요, 또한 어려운 일이다. 자녀로서 자연히 솟아오르는 공경심만 있으면 이런 일상적인 행위는 결코 못 해낼 만큼 어려운 일이 아니다. 그러나 부질없는 자만심과 어버이께 향한 순수한 감정을 상실했을 때는 참으로 실행하기 쉽지 않을 만큼 쑥스러운 일이다.

송순(宋純)은 그의 오륜가(五倫歌)에서,

아버님 날 낳으시고 어미님 날 기르시니
두 분 곳 아니시면 이 몸이 살았을까?
하늘 같은 가없는 은덕을 어데 다해 갚사오리.

라고 노래했다. 그저 낳고 길러주신 은혜를 생래적(生來的)으로 깨달을 때에 그 큰 은덕을 보답해야 하겠다는 마음이 생기며, 그것이 바로 효성심이다.

공자(孔子)님의 제자에 민손(閔損)이 있었다. 일찍이 어머니를 여의자 그의 아버지가 재취하여 아들 둘을 낳았다. 계모는 자기의 소생만 귀여워하고 전처의 아들인 손은 미워했다. 겨울철에 두 아들에게는 솜을 두툼하게 둔 옷을 해 입히면서도 손은 갈대꽃을 따서 옷에 두어 입혔다.

손은 추위를 견딜 수가 없었지만 아무런 불평도 하지 않았으므로 집안은 평화롭게 지낼 수가 있었다.

하루는 아버지가 외출을 하려는데 말몰이꾼이 없어 손이 대신 말을 몰고 가다가 너무나도 추운 겨울 날씨라 몸이 떨려 도중에 말고삐를 놓쳐버렸다.

그의 아버지는 아들의 옷을 만져보고 그 사실을 알자 후처를 내쫓으려 했다. 이에 손은 아버지 앞에 무릎을 꿇고,

"어머니가 계시면 자식 하나만이 춥게 지내지만 어머니가 떠나시면 세 자식이 모두 외롭게 되옵니다"

하고 간곡히 말렸다. 그 아버지는 아들의 말을 좇아 후처를 내보내지 않으니 계모도 그날부터 마음을 고쳐 손에게 사랑을 기울였다고 한다.

이는 민손의 효도와 우애의 정성이 악독한 계모로 하여금 개과천선(改過遷善)하게 만든 예로서 우리를 감동케 한다.

역경에 처하여 오히려 효도를 다한 이야기가 많은데 왕상이 얼음을 깨고 잉어를 얻은 '왕상빙어(王祥氷魚)'의 옛일과 맹종이 겨울에 죽순을 나게 한 '맹종읍죽(孟宗泣竹)'이며 노래자(老萊子)가 나이 일흔에 색동옷을 입고 노부모를 즐겁게 한 일, 손순(孫順)이 아이를 묻어 어버이를 봉양코자 한 미담가화(美談

佳話)들이 헤아릴 수 없이 많다.

이러한 옛사람들의 효도를 오늘날에도 본받아 실천함으로써 비로소 동방예의지국의 진면목을 드러낼 수 있는 것이다.

또 다음과 같은 효부(孝婦)의 이야기가 전한다.

옛날 최산남(崔山南)이란 사람의 증조모로 장손 부인(長孫夫人)이란 분이 있었는데, 나이가 많아 아무 음식도 먹지 못하게 되었다. 이에 그 며느리가 지성껏 시어머니를 섬기는데 날마다 아침이면 빗질해주고, 머리를 감아드린 뒤에 뜰 아래로 내려가서 절하고는 방으로 들어와서 그 시어머니에게 자기의 젖을 먹였다. 날마다 이렇게 하니 늙은 시어머니는 비록 밥을 수년 동안 먹지 않고서도 강녕하기가 오히려 평상시보다 더했다.

그런 지 여러 해가 지나 운명에 즈음하여 온 집안 식구들을 모아놓고 유언을 하였다.

"내가 이제 천수(天壽)를 누리고 가거니와 며느리의 고마운 효성을 갚을 길이 없구나. 내 마지막 한 말을 남기겠다. 며느리에게도 자식과 손자가 있을 것이다. 그 자손들도 며느리가 내게 하던 대로 효도와 공경을 하면 우리 문중은 크게 창성할 것이다."

장손 부인이 죽은 뒤에 그 자손들은 과연 그 유언대로 부모에게 효성이 극진했으므로 최씨 가문이 매우 번창했다고 한다.

오늘날 시어머니를 섬기되 이렇게까지 극진히 사랑할 수 있는 사람이 과연 몇이나 될까?

자기의 젖꼭지를 늙은 시머니에게 물린다는 순수무구(純粹無垢)한 마음씨를 어디에서 찾을 수 있겠는가?

우윳가루가 범람하고 생활 양식이 발달했으니 그런 원시적인 인간 관계는 성립될 여지가 없단 말인가?

오늘날은 물질적으로 풍부하게 살아가기 때문에 오히려 이러한 아름다운 고부(姑婦)의 정을 나눌 수 없다면 불행한 일이 아닐 수 없다.

역사상으로 효부가 많은 중에도 수천 년을 내려오며 가장 감명 깊게 읽을 수 있는 미담은 구약성서 속에 있는 룻의 이야기다.

나오미의 두 아들이 죽었다. 청상과부가 된 두 자부들을 친정으로 떠나보내려 하니 큰며느리 오르바는 떠났으되 작은며느리인 룻은 끝내 떠나지 않았다.

룻이 시어머니에게 말하기를,

"나로 하여금 어머니를 떠나며, 어머니를 따르지 말고 돌아가라 강권하지 마옵소서. 어머니께서 가시는 곳에 나는 가고, 어머니께서 유숙하시는 곳에서 나도 유숙하겠나이다……. 어머니께서 죽으시는 곳에서 나도 죽어 장사될 것이라, 만일 내가 죽는 일 외에 어머니와 떠나면 여호와께서 내게 벌을 내리시고 더 내리시기를 원하나이다"

고 하였다. 이는 룻이 시어머니께 대한 효성의 극치를 보여주는 말이다. 이방인인 모압 민족의 어린 여자로서 유다 베들레헴 사람인 시어머니를 이처럼 극진히 섬기고자 한 것은 죽은 남편 말론에 대한 사랑의 표현이기도 했으리라.

그리하여 그들은 보리 추수를 시작할 때에 베들레헴에 이르렀다. 룻은 밭에 나가 이삭을 주워다가 시어머니를 봉양했으니 오늘날 세계의 명화 《이삭 줍는 여인》은 바로 룻을 두고 그린 것이다.

룻이 유력한 농장주인 보아스의 밭에서 일할 때 그의 효성에 감동된 보아스의 은혜를 입게 되었다.

"네 남편이 죽은 후로 네가 시모(媤母)에게 행한 모든 것과 네 부모와 고국을 떠나 전에 알지 못하던 백성에게로 온 일이 내게 분명히 들렸느니라. 여호와께서 네 행한 일을 보응하기를 원하노라"

고 말한 보아스의 칭송대로 효부 룻은 축복받을 여인이었다.

그 시어머니 나오미도 착하고 아름다운 며느리를 위하여 꾀를 내었으니 그것은 보아스의 잠자리로 며느리를 보내는 일이었다. 그때 룻은 대답하기를,

"어머니의 말씀대로 내가 다 행하리다"

하고 절대적인 순종을 표시했다.

마침내 보아스의 아내가 된 룻은 오벳을 낳았으니 그는 다윗의 아버지인 이새의 아버지였다. 그러므로 신약시대로 내려와서 다윗의 후손인 예수 그리스도가 마리아에게서 탄생할 수 있게 된 원인(遠因)을 지은 셈이다.

진실로 효부 룻의 순종심과 시어머니 나오미의 자부를 아끼는 자애심이 이처럼 커다란 환희(나오미의 뜻)를 맛보게 한 것이다.

승자(曾子)노 효로써 어버이를 섬기는데 세 가지의 치등이 있다고 했다.

"가장 큰 효는 어버이를 받들어 높이고 공경하는 것이요, 다음은 어버이께 욕이 돌아가지 않게 행동하는 것이요, 셋째는 의식주로써 잘 공양하는 것이다(孝有三 大孝尊親 其次弗辱 其下能養〔《禮記》,〈祭義〉편〕)"

라고 말하여 정신적인 효를 더욱 높은 자리에 두었다.

　그러나 아무리 효도를 하려고 해도 이미 어버이께서 타계(他界)하셨다면 불가능하니 안타까운 일이다. 그래서 정철(鄭澈)도,

　　어버이 살아계실 제 섬기기를 다하여라.
　　지나간 후이면 애닯다 어이하리.
　　평생에 고쳐 못 할 일은 이뿐인가 하노라.

고 읊어 살아계실 때에 효도할 기회를 놓치지 말라고 경계한 것이리라.

어머니와 담배

공덕룡

　어머니가 어느 때부터 담배를 피우기 시작하셨는지, 내가 철이 들 나이가 되기까지는 별로 생각해본 일이 없는 것 같다. 내가 소학교에 다니기 시작할 무렵, 어머니 곁에서 담뱃갑과 재떨이가 떠나지 않았던 것으로 보아, 이미 그 전에 피우시기 시작하였던 것으로 짐작하였다.
　그때 어머님은 서른한두 살 넘었을 나이니, 요새 신식 어머니같이 치장을 하고 나가면 한창 젊고 아름다웠을 연세지만 내 어린 시절, 어머니가 젊다거나 아름답다거나 하는 인상을 받은 기억은 전혀 없었다. 어쩌다 비슷한 나이의 이웃 아낙네들이 우리 집 안방을 찾아와서, 거울 앞에 앉으신 어머니의 풀어내린 검고 긴 머릿단을 부러워하는 것을 보고 어린 마음에도 흐뭇했던 기억이 떠오른다.

孔德龍(1923～　　) : 영문학자. 단국대 명예교수.

어린 시절에는 모두 그렇겠지만 어머니의 존재는 크고 절대적이기 때문에 이쁘다거나 밉다거나 하는 비판적 생각은 미처 머리에 떠오르지도 않았을 것이다. '어머니'라고 하는 고차원적 존재는 외모상의 미추(美醜), 이성으로서의 매력 같은 것은 모두 커버하고도 남음이 있을 것이다.

다시 담배 이야기로 돌아가서, 머리를 곱게 빗고 나신 어머니는 돌아앉으셔서 옆의 재떨이 위의 담뱃갑(당시 5전 하였던 마코라고 기억된다)에서 담배를 뽑아, 찾아온 아낙네들에게 권하기도 하시고 당신께서도 한대 물고 성냥을 그어대시는 것이다.

40년 전만 하더라도 여염집 아낙네들의 흡연(吸煙)은 어른들의 눈총을 받기에 알맞은 일이었으니, 젊은 아낙네들이 안방에 모여앉아 담배 한대씩 피워 무는 것은 미상불 스릴이 있는 위안이었으리라 생각된다.

그러나 철부지 어린이 시절이었으니 그런 눈칠 알 리 없고, 그저 어머니니까 담배를 피울 수 있으려니 하였던 것이다. 조부모님은 이미 소시적에 돌아가시고 집안에 스스러운 웃어른이 안 계시니 내놓고도 피우셨으려니 한다. 어머니는 나이가 드시면서 담배가 인박혔음인지 경대 서랍에서 담뱃갑이 떠날 날이 없었던 것 같다.

담배는 수심(愁心)을 쓸어버리는 빗자루라고 하지 않았던가. 1·4 후퇴 이후, 위로 삼남매가 뿔뿔이 피란을 가고, 두 형제 사이의 딸 하나는(그러니까 나의 바로 밑의 누이동생이다) 피란지에서 시집을 가게 되자, 첫딸의 출가를 가까이서 보지 못하게 되어 그 속인들 오죽 답답하셨으랴.

"네가 머리 올리는 것을 내가 못 보다니······."

피란지 김천의 큰딸에게 부쳐온 어머니의 편지 한 구절이다.
사변 후 어머니의 담배 분량은 부쩍 는 것 같았다.

큰아들은 서울에 살림을 나고 작은아들은 멀리, 아주 멀리 유럽으로 공부하러 떠나고 나니, 어머니는 대청 너머 건넌방에서 아버지하고 마주 앉으셔서 담배를 피우게도 된 것이다.

담배를 피우게 되면서(40이 가까워서다), 나는 가끔 이런 생각을 해본 일이 있었다. 엄격한 구식 집안에 태어나서 그보다 못지않은 구식 집안에 시집 오신 어머니가 어떻게 해서 젊어서부터 담배를 피우기 시작하셨을까 하는 것이었다. 모자가 앉으면 어머니에게 담배를 권하고 나도 한대 입에 물어도 어색하지 않을 나이가 되었으니, 이제 새삼 담배 피우기 시작한 동기 같은 것을 묻기는 어쩐지 새삼스러워서 물어보지를 않았다.

그런데 나의 조그마한 궁금증은 우연한 기회에 풀리게 되었다. 이야기는 다시 한 세대 거슬러올라가서 외조모님의 소시 때 일이다.

하루는 뒷간 앞을 지나다 보니 꼭 닫힌 뒷간 문틈으로 담배 연기가 새어나오기에 집안 어른이 볼일을 보고 계신 것으로 짐작하였는데 조금 뒤에 나온 사람을 보니 뜻밖에 '큰아기'였더라는 것이다. 사연을 알고 보니 큰아기는 당시 심한 횟배를 앓아 배가 아프면 숨어서 담배 연기를 몇 모금씩 삼켜넘기곤 하였던 것이다.

의문이망(倚門而望)

김 병 규

나는 일제 때 학도병 지원을 기피하고 북만주로 도망갔었다. 애국자연하는 것은 아니고 일본 천황을 위하여 목숨을 바친다는 것이 개죽음이란 생각에서였다. 그래서 아주 먼 곳으로 무턱대고 훌쩍 튀어 어려운 고비도 많았지만 여하간 목숨은 부지할 수가 있었다.

그러다가 해방이 되었는데 돌아갈 길이 막연했다. 만주는 먼 북쪽, 거기에서 한국의 맨 남쪽은 생각만 해도 아득했다. 도저히 살아서 돌아갈 것 같지가 않았다.

그러나 부닥쳐보는 수밖에 없었다. 덮어놓고 기차에 올라타고 보는 것이었다. 이러기를 거의 20일쯤 하여 나는 두만강을 건너서 38선 가까이까지 용케 죽지 않고 왔다.

그런데 기차까지 끊어져버리니 이젠 죽자 사자 걸을 수밖에

金秉圭(1920~　　): 법학박사. 동아대 대학원 교수 역임.

없었다. 한 100리 가량 걸었을까. 어떤 강가에 도착했다. 지금 생각하니 북한탄강이었던 것 같다. 아침 햇빛이 강물을 밝게 비치고 있었다.

거기에 소련병이 따발총을 들이대고 있었다. 게시판이 보였다. 오던 길을 다시 돌아가라는 것이었다. 기가 찼다. 마을 사람이 강 위로 가서 살짝 눈을 피하여 강을 건너라고 귀띔해주었다.

강은 물살이 세었고 밑바닥이 미끄러워 건너기가 힘들었다. 남녀 할것없이 알몸으로 건너서는 도망가기에 바빴다. 아니나 다를까 등 뒤에선 총소리가 요란했다.

구두도 신은 채 만 채 겨우 도망쳐 산길 몇십 리를 걸었다.

그런데 이젠 행길 저쪽에 미군이 서 있었다. 살았다 싶었다. 그러나 그게 아니었다. 미·소 협정에 의하여 통과시킬 수가 없다는 것이었다. 겨우 살아난 마당에 이건 너무했다 싶었다.

그러나 가만 있을 순 없었다. 나는 생전 처음으로 영어로 말해봤다. 엉겁결에 나오는 대로 지껄였다. 내 딴엔 학도병을 피해 도망갔다가 돌아오는데 어머님이 몹시 기다리실 거라는 의미로 말했지만 그가 그걸 알아차릴 수는 없는 노릇이었다. 그는 오른팔을 머리밑에 대고 머릴 기울여 보였다. 드러누웠느냐는 시늉이었으리라.

여하튼 나는 가도 좋다는 것이었다. 내 뒤에 따라오는 사람들은 모두 후퇴할 수밖에 없었다. 통과가 되지 않았다.

나는 활개를 치며 거길 빠져나왔다. 그쯤 되니 부모님은 바로 앞에 모시는 거나 다름없다고 생각되었다.

그런데 뜻하였으랴. 기진맥진 돌아와 보니 이틀 전에 어머님은 나를 기다리시다가 머나먼 길로 떠나셨다는 것이었다.

운명하시기 며칠 전엔 내가 만주에서 부친 마지막 엽서를 줌치(주머니)에서 꺼내시곤,

"아무 소용없는 일이지"

하고 돌아오지 않는 나를 기다리다 지쳐, 내뱉듯이 말씀하셨다는 것이었다.

해방이 되고 스무 날이 지나서도 돌아오지 않으니 죽었으리라고 짐작하셨을까. 비록 돌아온들 당신이 그때까지 이 세상에 버티고서 기다릴 순 없음을 직관하셨을는지도 모를 일이었다.

7일장으로 장사지낼 때 나는 매일 밤 시신 옆에서 지냈지만 어머님은 아침이면 잠 깨듯 살아나실 것으로 진심으로 믿고 있었던 것이었다. 그건 큰 기적 같지도 않을 거라고 여겼다. 그러나 아침마다 실망한 나였다.

그 뒤에 나는 이런 걸 느끼게 되었다. 미군과의 대화에서 그가 제스처 한 것이 야릇하게 여겨지는 것이었다. 그것은 어머님이 기다리시다가 몸져 누우신 거냐는 뜻이었겠으나, 어머님의 운명하신 시간이 이때와 거의 맞먹는다는 것이 이상하다면 이상했다.

내가 우리 땅을 밟는 순간에 어머님은 떠나셨을 것이었다. 어떻게 해서 이처럼 시간이 꼭 맞아떨어질 수가 있느냐 하는 느낌을 새삼 금할 수가 없다.

이때까진 애타게 꾹 참고 기다리시다가 이젠 모국의 품안에 들어왔으므로 당신의 품안에 안긴 거나 마찬가지니까 눈을 감아도 된다는 것이었을까.

벌써 20년도 지난 일이다.

동료 중 술을 아주 좋아하는 사람이 있었다. 그는 거의 매일같이 곤드레만드레가 되곤 했다.

이쯤 되고 보니 그의 책상 위에는 벌써부터 편지가 와 있어도 숫제 뜯어볼 염을 하지 않았다.

그래서 하루는 안된 일인 줄 알면서 하도 오랫동안 뒹굴고 있는 편지라서 몇이 의논하여 뜯어 보기로 했다.

그의 부친한테서 온 편지였다. 그것은 전부가 한문이었으며 토만 간간이 우리말로 달아놓은 것이었다. 아주 달필의 붓글씨 편지였다.

그런데 그 중에서 지금도 잊혀지지 않는 문구가 있었다. '의문이망(倚門而望)'이라는 것이었다. 아들이 집에 돌아오길 문에 기대어 바라보며 기다린다는 것이다.

나는 이 문구를 보는 순간 마음이 아찔해졌다. 이 말은 아들을 기다릴 때 쓰는 판에 박힌 말이지만 문에 기대어 마음을 죄며 기다린다는 말에 눈시울이 뜨거워져 하마터면 찔끔할 뻔했던 것을 지금도 나는 생생히 기억하고 있다. 고주망태에 이런 훌륭한 가친이 있을 수 있다는 것이 이상(?)하게 여겨지는 것이었다.

편지는 다시 풀을 붙여 봉하고 책상 위에 두었다. 그가 그걸 읽고서 어떤 생각을 했는지는 모를 일이었다. 이 일이 있은 뒤 나는 이걸 그에게 알리고 사과했다. 이런 훌륭한 편질 받고서도 귀성(歸省)하지 않았느냐고 덧붙여 물었다. 그랬더니 그는 싱긋이 웃으며 그의 상투적인 말투로,

"에잇, 사람!"

할 뿐이었다.

나는 사범학교에 처음 들어갔을 무렵 객지생활을 하다 보니 아버님의 하서를 받게 되었는데 모두 한문이었다. 앞뒤로 맞추어 뜻은 대강 짐작을 했지만 아는 것도 있고 모르는 것도 더러 있어 어리둥절했다.

회답을 해야 했기에 한문 척독(尺牘)식의 문구를 모르는 터라, 나는 매양,

"복미심차시(伏未審此時)에 기체후(氣體候) 일향만강(一向萬康)하옵고 가내제절(家內諸節)이 균안(均安)하옵나이까. 소자(小子)는 객지면식(客地眠食)이 무고(無故)……"

라는 서두로 상서하였다.

때론 이런 식으로 편지를 올려 한 달치의 학비조로 15원을 요구하면 20원을 부쳐주신 엄친(嚴親?)이었다. 이런 자정(慈情)을 나는 살아 생전에도, 사후에도 한 번인들 갚아본 일이 없다. 어찌 불효자가 아닐까 보냐. 부끄러움을 새삼 금할 수가 없다.

한때 부산에서는 밤 10시가 되면 청소년에게 집에 돌아가라고 교회의 종을 울린 일이 있었다.

어떤 분이 와서 호소한 걸 들은 일이 있다. 아들이 돌아오질 않아 마음을 썩인다는 것이었다. 이런 밤, 그 '사랑의 종소리'를 들을 때의 깊은 감개를 그는 침통한 표정을 지으며 말하는 것이었다.

목쉰 그 종소리. 어찌 된 셈인지 그것은 여느 종과는 달리 목쉰 소리였다. 문간에 기대어 기다리는 어버이의 목소리처럼…….

옛날(일정 때) 초등학교 조선어 독본에 '가자, 가자. 집으로 가자, 어머니 아버지 기다리신다' 라는 것이 있었다.

어쩐지 부모란 우릴 기다리시는 분, 언제 어디서든지 기다리고 계신다는 생각이 든다. 대문에 기댄 입상(立像), 이건 구원(久遠)의 어버이 상(像)이리라.

어머님과 아버님은 지금도 나를 기다리고 계실 것 같은 생각이 든다. 분명히 저승에 계신 줄을 알면서도, 시골집 문 밖에 나와 동네 어귀를 바라보시고 안타까이 기다리고 계실 성싶다. 당신들이 모두 살아계셨을 때처럼. 퍽 오래 전의 일이지만······.

방학이라도 되어 귀성할 땐, 북받쳐오르는 격정을 주체하기 어려워하시던 모습들, 이는 몹시 기다린 연후가 아니면 있을 수 없는 것이기도 했다.

흰 구름이 서쪽으로 두둥실 떠가는 것을 보고 있다. 산을 넘어가는 경쾌한 걸음. 그 엷은 그림자는 순식간에 고갤 넘어간다.

덩달아 나도 돌아가고 싶은 생각이 화살과 같아진다. 서쪽 저 하늘 아래 고향이 있고, 아버지 어머니가 고이 잠들고 계시는 산천이 있다.

황해(荒海)마냥 거친 이 세상에서, 생각만 해도 초원의 양처럼 순해지고 착해지는 것, 그것이 어버이일 것이라는 생각을 해 본다.

네 번 여읜 할머니

김열규

할머니께서 길이 입적(入寂)하시던 그 해 여름을 나는 꼬박 작은 산사(山寺)에서 보냈다. 가신 이를 위한 49일재(齋) 기간이 방학과 용케 겹쳤기 때문이다. 이렛마다의 7일재를 모시면서 나는 유명(幽明)을 잊은 듯이 나날을 보내고 있었다. 망령(亡靈)을 모신다지만 독경(讀經)하는 스님 곁에서 반쯤 가부좌하고 지키는 일이 고작이었다. 이따금 지장보살(地藏菩薩)을 염송하기도 했었다.

나는 할머니의 임종을 지키지 못했었다. 초여름의 장마가 폭우가 되어 며칠이고 며칠이고 쏟아지고 있던 임종 즈음, 나는 갓 부임한 대전(大田)에서 올챙이교수 노릇을 하고 있었다. '조모위독'이란 전보가 내 손에 날아든 것은 발인날이 임박했을 무

金烈圭(1932~   ) : 국문학자. 서강대·인제대 교수 역임.

렵이었다. 대학 본부에서 전보를 받은 직원에게는 신참 교수의 이름이 낯설어서 수신인 불명(受信人不明)으로 되돌려보낸 곡절을 나중에야 알게 되었다. 재차 전송된 것을 받아들고 귀향했었지만 상복이라곤 겨우 반나절을 입었을 뿐이다. 맏손주의 몰골이 말이 아니었다. 억수로 퍼붓는 빗발 속에 우왕좌왕하였을 첫 전보지가 한참 동안 눈에 삼삼거렸었다.

'귀여워하시던 큰손주라 고생시키지 않으시려고 할머니께서 우정 전보를 늦추신 거'라고 수군거리던 숙모들의 목소리가 오히려 쓰라렸다.

이레가 가고 또 이레가 올 때마다 임종을 놓친 만큼 꼬박 정성을 다하였다. 책상다리 꼬고 앉은 무릎께가 저려드는 것도 태연히 참을 수 있었다. 어느새 지장보살을 염송하는 품이 스님의 독경을 닮아갔다. 불단에 피어나는 향연(香煙)을 응시하는 눈길이 매양 시렸다.

그러던 어느 날 밤이다. 같은 산 속의 큰절에서 며칠 놀러와 있던 늙은 불목하니가 내게 말을 건네왔다. 세 이레째가 막 끝났을 때라 생각된다.

"젊은이는 영가(靈駕)와 어떻게 되시나?"

"제가 손줍니다."

"그래, 오죽 망극하겠나. 한데 죽음이란 말일세……."

그냥 지나가는 소일거리로 말을 건네왔으려니 했던 나는 후딱 긴장하였다. 노인의 말은 무게로 차 있었다. 법당 마루끝의 어둠이 새삼 짙어 보였다.

노인은 우리들이 이승에 머무는 것은 거울에 얼굴을 비추는 것이라고 했다. 이승은 거울, 우리의 삶은 그림자인 셈이었다. 거울 위에서 얼굴을 거두면 그림자가 없어지지만 그렇다고 해서 얼굴 자체가 없어진 것은 아니잖느냐고 노인의 눈빛이 어둠 속에서 내 표정을 살피고 있었다. 그것은 간곡한 조문(弔問)이었다. 선문답(禪問答) 같은 조상(弔喪)에 나는 넋을 잃었다. 그러고는 눈이 뜨이고 마음이 열리는 기척을 어둠 속에서 들을 수 있었다.

그날 노인은 마른 기침소리와 더불어 칠흑 속에 사라져갔지만 그가 끼친 거울의 영상은 늘 마음 깊은 곳에 새겨져 있다. 그토록 선연한 선혜(善慧). 앎의 기쁨으로 전신이 터질 것 같았던 감격은 20년이 오히려 새롭다. 스쳐만 간다 해도 속속들이 뿌듯한 불법(佛法)의 보람이었다.

나를 불문(佛門)에로 처음 인도하신 분은 할머니였다. 초등학교엘 다니고 있던 꼬마둥이 손주를 앞세우거니 뒤세우거니 하시면서 초로(初老)의 할머니는 훗날 당신의 혼백이 모셔진 작은 암자를 비롯해 그 이웃의 산사(山寺)엘 다니셨다. 어느 가을 억새가 하얗게 설레고 있는 산등성, 무너져가는 성문 밑을 지나시다가 몇 해 전에 보셨다는 호랑이 얘기를 하셨다. 성문 옆 돌담 위에 번듯이 누웠던 호랑이 옆을 염불 하나에 기대어 지나치셨노라고 새삼 관세음보살을 외셨다. 햇빛 찬연한 억새 서리, 성문에 앉은 호랑이와 할머니. 그 영상(映像) 때문에 입적하신 할머니는 신선(神仙)이 되셨겠노라고 한동안 생각했다.

칠석(七夕) 기도를 드리려고 태산 같은 봉우리 밑, 아주 외딴 암자엘 가시는 길에서 까치를 만나서는 견우와 직녀 얘기를 들려주셨다. 1년에 한 번 은하수 가운데서 상봉하는 연인들을 위해 줄을 서 있는 까치 머리를 견우와 직녀는 밟고 간다고 하셨다. 칠석 지난 까치 머리가 유달리 하얀 것은 그 때문이라고 하시며 웃으셨다.

그러나 한 번도 설법투의 말씀을 하신 적이 없다. 늘 맑고 소슬했던 기품. 머리가 희어서 더욱 백옥 같았던 인상. 흐트러짐 한점 없이 부처 앉으신 모양이시던 몸가짐 그냥 그대로 내게는 삼보(三寶)에 더한 사보(四寶)였다.

여름도 거의 파장일 무렵, 온 가족이 모여 마지막 재를 올렸다. 풀덩굴을 스치는 바람에는 벌써 마른잎 갈리는 소리가 나고 있었다. 나는 종이를 접어서 만든 반야용선(般若龍船)을 안고 탑돌이의 앞장을 섰다. 어른 아이 없이 밤새 탑을 돌았다. 합창이라도 하듯 지장보살을 외면 법당에 켠 황촛불의 그림자가 어둔 뜰 가운데서 크게 일렁거렸다.

반야용선에 지전(紙錢)을 얹어 소지(燒紙) 올리듯 불살랐을 때는 새벽이었다. 어둔 숲 그늘 너머로 쟁쟁(錚錚)하게 빛나던 샛별. 타고 남은 종잇가루의 긴 자락이 별빛을 향해 피어오르는 것을 우러러 다들 합장(合掌)하여 고개를 조아렸다. 지전(紙錢)의 뱃삯 지니시고 이승과 저승의 어느 가름에 놓인 하늘의 강을 바람에 불리는 반야용선 타고 건너시는 가신 이의 모습. 나무, 나무, 나무아미타불. 염송하며 가시는 소리 들리는 듯했다.

밤을 새운 탑돌이에 지친 기운이 그제서야 가족들을 엄습하는 듯했다. 더러는 풀방석에 앉고 더러는 바위를 깔고 앉아 말이 없었다. 부유스름하게 트이기 시작한 골짜기 끝 하늘에서 어느새 샛별이 이지러지고 있었다.

사라져가고 있는 샛별. 사라져가되 없어진 것은 아닌, 제 시간이 돌아오면 의연히 모습 드러낼 별. 존재의 있고 없음은 형체의 유무(有無)와는 아랑곳없는 것일까. 내 생각도 점멸(點滅)하는 것이었다. 그것은 인식(認識)의 섬광(閃光)이라고 부를 만한 것. 두 볼에 흐르는 눈물이 아리도록 뜨거웠다.

지금 우리에게서 모습 거두신 분도 어느 날, 어느 때, 사주(四柱) 맞추듯 당신의 연분인 짬을 만나시면 홀연히 현신(現身)하시어 다시 뵐 그 기약, 샛별에 부치시는 것일까. 그때 어쩌다 우리들 스스로 모습 거두었다고 하면, 크나큰 술래. 숨고 나타나며 나타나서 숨는 커다란 술래, 무지개처럼 아름다운 술래 탔다 하시고 연꽃처럼, 하얀 연꽃송이처럼 맑게 미소 지으실 것인가. 부처 인도하심을 받아 희고 푸른 연꽃이 흐트러진 연못을 지나 끝없는 들판 넘어가노라고 하신 마지막 말씀. 그 말씀에 핀 연꽃처럼 하얗게 웃으실 것인가.

우리들은 오직 슬픔을 바쳤을 뿐인데, 다만 눈물을 드렸을 뿐인데, 가신 이는 인식(認識)의 빛, 그 환한 빛을 우리에게 주신 것이다. 언제 다시 거울에 얼굴 비치시며 현신하시듯 빛을 주신 것이다.

마지막 재를 마치고 가족들이 모두 돌아간 뒤 나는 며칠을 더 산사(山寺)에 머물렀다. 한낮 산마루의 햇빛이 설핏한 걸로 보면 여름은 기울고 있었다. 매미소리가 한결 썰렁해진 어느 밤에 나는 꿈을 꾸었다.

할머니께서 미륵암엘 가자고 하셨다. 호랑이 누웠던 산성(山

城) 꼭대기의 그 암자엘 가자는 것이었다.
"네, 할머니. 제가 모시고 가죠."
나는 채비를 차리기 시작했다. 할머니께선 이미 대문 앞을 나가고 계셨다. 황급히 뒤따르려던 내게 번개처럼 생각이 일었다. '내가 모시고 가다니…… 할머닌 돌아가셨는데. 영 모시고 가자면 나도 죽는 것이 아닌가.' 나는 후닥닥 말을 고쳤다. 할머니의 뒷모습을 향해 쏟아붓듯이 소리를 쳤다.
"할머니, 제가 모시고 갔다 오죠."
꿈속의 나는 마지막 '오죠'라는 말에 힘을 주었다.

이렇게 해서 할머니는 내게서 세 번 떠나가셨다. 내가 지키지 못한 임종(臨終)이 처음. 샛별과 더불어 자취 지우신 것이 두 번째다. 손주놈의 냉혹한 이기심을 마지막으로 세 번째 떠나신 할머니를 다시 뵌 것은 지난 가을 면례(緬禮) 때다. 부산의 도시계획이 유택(幽宅)을 먹어들자 큰숙부께서는 편한 잠을 거듭 깨우시기 안쓰러우니 임종 때의 유언을 지켜 다비(茶毘)로 모시자고 했다.
돌아가신 지 스무 해. 곱게 삭고서 남은 골해(骨骸) 몇 줌이 다시 잿가루가 되어 내 손바닥에 얹혀졌을 때 그것은 꼭 방학 때마다 손주놈 어루만지시던 손결의 훈김을 지니고 계셨다. 잿가루, 샛별 있을 방향의 허공에다 흩뜨리면서 나는 네 번째로 할머니를 여의었다.
네 번 여읜 할머니, 길이 여의지 못해 나는 그날의 샛별을 우러러 이 글을 쓴다. 나무지장보살.

효도 유감

정봉구

5월은 아름다운 달이다.

신록이 우거지고 장미가 싹트니 아름답고, 노래처럼 자라나는 어린이들의 날이 있으니 또한 아름답고, 우리를 가꾸어주신 지성에 보답하는 어버이날이 있어서 더욱더 아름답다.

특히 어버이날은 우리들에게서 잊혀져가고 있는 보은(報恩)의 정을 다시 한 번 일깨워주는 날이기 때문에 보다 더 뜻있고 아름답다. 아마도 이것은 우리 마음속에 사시사철 간직해두고 싶은 효도일념(孝道一念)의 새로운 표현이기도 하리라.

그러나 펄럭이는 5월의 기치(旗幟) 아래 어버이날은 과연 구두선(口頭禪) 아닌 진정한 의미를 지니고 있는 것인지, 한 송이 붉은 카네이션을 어머니 가슴에 달아드리는 그 마음으로 묻고 싶다.

鄭鳳九(1925~   ) : 문학박사, 숭전대학교 교수 역임.

사실 시대가 바뀌다 보니 효도의 방법도 많이 바뀌었고, 어쩐지 5월이 진정한 의미의 보은이기보다 앞서 행사(行事)에 물결치는 구호(口號)의 달인양 한 것이 불안하다. 하기야 옛사람을 그대로 닮을 수야 없는 일이지만 생각하면 효도의 개념도 옛날과는 많이 바뀌었다.

옛날 사람들은 어버이를 섬기는 방법이 사뭇 정중하고 법도에 어긋날세라 조석으로 문안하며, 엄친시하에 그 몸가짐을 함부로 하지 않고 '신체발부는 수지부모라 불감훼상이 효지시야(身體髮膚 受之父母 不敢毁傷 孝之始也)'요 하며, 터럭끝 하나를 함부로 못 하고 부모 섬기기를 하늘같이 하였으니 시대변화에 따르는 효도의 개념도 격세지감이 있다 하겠다.

옛날에 노모를 모시고 사는 한 효자가 있었는데 그 어머니가 어찌나 엄격하셨던지 아들이 장성한 후까지도 아들에게 종아리질을 해가며 훈계하셨다.

그런데 어느 날인가 역시 잘못이 있어 어머니가 종아리를 때리자 그 아들이 눈물을 흘렸다. 그래서 어머니가 꾸짖어 말하기를,

"네가 어미에게 종아리를 맞으며 이제껏 울지 않았거늘 오늘에 눈물을 흘리는 것을 보니, 아마도 네가 이제 이미로부터 종아리 맞기를 원통히 아는가 보구나."

아들의 대답이,

"소자가 우는 것은 어머님께 종아리 맞음이 원통하옴이 아니라 전에는 어머님의 매가 아프더니 오늘은 어머님의 매가 아프지 아니하므로 어머님의 근력이 쇠해가심을 생각하고 우는 것

이옵니다"
하였다는 것이다.

오늘에 와서 생각하는 효도와 비교해볼 때 참으로 거리가 있는 이야기다.

요새 세상에 아무리 정성스러운 효자가 있기로서니 어찌 이 이야기의 주인공을 10분지 1이나 따라가랴.

효도하는 방법이 반드시 옛사람과 똑같을 수는 없는 일이지만 나는 이 이야기를 되새기며 옛사람들이 가지고 있던 존귀한 마음가짐에 감동을 느낀다.

그리고 현대인들에게서 상실되어가고 있는 얼을 아쉬워하며 야릇한 안타까움을 느낀다.

분명히 우리들은 무엇인가를 잃어가고 있으며, 옛사람들이 지니고 있던 아름다운 것을 상실해가고 있는 것 같다.

이를테면 모든 것의 척도를 금전으로 다루며 만사를 사무적인 처리에 치우쳐버리려는 경향 등이 그것이다.

그러다보니 항용 우리는 정신적이어야 할 존귀한 것까지도 금전으로 따지게 되었고, 모든 일을 돈으로만 해결하고 마는 오류 속에 파묻혀버린 것 같아서 어떤 때는 사뭇 서운한 감정마저 느낀다.

어떤 돈 많은 친구가 어머니날을 맞이하여 어머니에게 드리는 선물로 큼직한 텔레비전을 한 대 사드렸다. 어머니 방에서 조용히 혼자 보시라는 것이었다. 시가 20만 원은 함직한 값진 텔레비전이었다. 그리하여 그는 많은 친구와 아는 사람을 만날 때마다 자기의 그 효도한 일을 자랑하였다.

20만 원이나 하는 그 큰 선물을 어머니께 드렸으니 굉장한 효도라 아니할 수 없다.

 그러나 20만 원이나 하는 텔레비전을 선물로 받고 자기 방에 앉아서 홀로 그것을 보고 있는 어머니의 마음이 과연 얼마만큼 즐거웠을지는 판단키 어려운 일이다.

 벌써 오래된 일이다. 그때 우리 집에는 할머니가 계셨다. 우리 할머님께서 이야기책을 몹시 좋아하시어 한때는 고담책이나 이야기책 치고 우리 집에 없는 것이 없다 할 정도였다. 아드님들이 어머님께 선물로 사다드린 것이 모이고 모여서 그렇게 된 것이었다. 아주 옛날 이야기지만 아직도 내 기억에서 사라지지 않는 일들이다.

 아버지의 형제분은 다섯 분이셨다. 그 다섯 분들이 모두 시골로 어머님을 뵈러 갈 때면 으레 빠뜨리지 않고 육전(六錢) 소설 두서너 권씩을 사가지고 가셨다. 그리고 겨울철 같은 때면 긴 밤을 짧게 새워가며 사 가지고 간 소설책을 어머님께 읽어드렸다.

 그래서 마을에선 재미있는 소문이 떠돌고 아버지 형제분들의 효도를 부러워하는 마나님들이 집의 할머니와 함께 그 이야기책 읽는 소리를 듣기 위하여 우리 집에 몰려오곤 하였다. 특히 작은아버님 한 분이 이야기책도 잘 읽으시거니와 온후 관대하고 늠름한 풍채의 소유지로서 사람의 마음을 끌 만하였다. 그래서 젊은 아낙네들이 그 낭랑한 목소리를 듣기 위하여 달밤 같은 때면 우리 집 울타리가에 모였다는 이야기다.

 어머님을 위하여 이야기책을 사들고 가서 밤을 지새워 읽어드리는 효행도 효행이려니와 그곳에 스민 낭만과 휴머니티가 얼마나 아름다운가.

할머니가 돌아가신 후에 나는 《삼국지》,《임걱정전》,《옥루몽》,《숙영낭자전》,《구운몽》 등 이루 헤아릴 수 없이 많은 책들을 정리하며, 그 어머님께 바친 아드님들의 효도를 생각하고 숙연해지던 일들이 생각난다.

값비싼 텔레비전 수상기를 어머니께 선물함으로써 그 효도를 과시한 사람의 마음도 그런대로 버리지야 못하겠지만 돈으로 해결하기로 치자면 텔레비전보다 더한 별장인들 못 사드리랴.

아무리 현대의 의미가 사무적인 냉정한 처리에 있고 민감한 현실 타협에 있다 할지라도, 역시 우리들에게 아쉬운 것은 옛사람들의 마음가짐이다.

5월이 오고 어버이날을 맞을 때마다 느끼는 나의 효도편상(孝道片想)이다.

책장을 뒤지다가

신 상 철

　어느 날 나는 자주 보지 않던 책자 하나를 찾기 위해 책장을 뒤지다가 우연히 낯선 서책 하나를 발견했다.
　등과 어깨에 먼지를 보얗게 쓴 그 서책에는 많은 사람들의 이름이 적혀 있었고, 마지막 부분에는 내 이름자까지 적혀 있는 걸 보면 우리 집안의 족보임이 분명했다. 그런데 어째서 이것이 내 책장에 꽂혀 있게 된 것일까? 비록 순간이긴 했지만 그 연유를 몰라 어리둥절해하던 나는 이내 가슴 저려오는 부끄러움을 느끼지 않을 수 없었다. 왜냐하면 10여 년 전에 그것을 내게 전해준 분의 뜻과는 딜리 나는 그것을 너무나 소홀히 방치해두었었던 자책 때문이었다.
　몇 년 전에 벌써 고인이 되셨지만 당시 그 어른께서는 집안의 장손도 마다하고 나보다는 손위인 당신의 아드님도 못미더워서

申尙澈(1936～　　) : 국문학자·수필가. 경남대 교수.

굳이 그걸 내게 맡기셨던 것이다.

"사업을 한다는 그애는 안심이 안 돼. 선비인 자네에게 맡기는 것이 좋을 것 같아서……."

그때 나는 이런 말씀을 들은 것 같기도 하지만 여태 나는 그러한 기대를 저버리고 책상 귀퉁이에 꽂아둔 채 먼지투성이로 만들고 말았으니 스스로 뉘우치는 바가 없을 수 없었다.

사실 나는 그것을 전해받을 때만 하더라도 족보 따위에 대해 인상을 별로 좋게 가지고 있지 않았었다. 우리의 조상들이 사회 제도와 결부시켜 지극히 나쁜 방향으로 그것을 활용해왔었기 때문에 족보의 이미지가 좋게 비칠 리가 없었던 것이다. 오늘날에도 우리 사회에는 그 사람이 갖는 능력과 인품 등으로 그 사람 자체를 보기보다 학력이나 학위, 배경 등 형식적이고 외형적인 조건을 중히 여기는 폐습이 없지는 않지만, 옛날은 이 정도가 훨씬 심했었던 것 같다. 아무리 능력이 있어도 반상(班常)의 엄격한 구별 때문에 입신(立身)을 못 하던 젊은이가 남의 족보를 훔쳐 이를 변조하기까지 하던 일화 따위를 다 들추지 않더라도 족보에 얽힌 이야기는 결코 자랑스런 유산이 되지 못하고 있다. 상인(常人)이란 굴레를 씌워 그들의 사회 참여를 엄격히 제한해버림으로써 그들에게 인욕(忍辱)의 생활을 강요한 데만 그치지 않고 모든 이의 능력을 동원해서 강력히 추진했어야 할 균등한 사회 발전을 저해시키고 마는 결과를 빚었던 것이다. 이와 같은 결과는 족보를 통해 자기의 근본을 알고 그 근본에 보답하려는 정신자세를 갖지 못하고 조상의 이름을 빌려 자신들의 영화를 찾으려 한 잘못된 생활 자세에서 빚어진 것은 아니었을까?

재실이나 크게 짓고 묘사(墓祀)나 떠벌여 지내려는 경향도 따지고 보면 하나의 공연스런 허세요, 정작 해야 할 일은 가까이 계시는 부모에게 생전에 더 많은 기쁨과 즐거움을 드리는 일이요. 그것이 곧 근본에 보답하는 지름길이라 생각된다.

　'몸과 얼굴과 머리카락과 살은 부모로부터 받은 것이니 감히 훼상하지 않는 것이 효의 시작이요, 이름을 후세에 베풀어 부모를 현저케 하는 것이 효의 마침' 이라고 한 공자의 말씀이 아니더라도, 부모로부터 물려받은 것을 소중히 간직하며 스스로 발전을 이루어 그 영광을 부모께 돌리는 것도 효(孝)의 한 방편이 될 것이다.

　나는 나를 낳으신 아버님을 30년도 훨씬 전에 여의었고, 기르신 어머님이 돌아가신 것도 벌써 수년 전이라 지금은 곁에 아무도 안 계신다.

　살아계신다면 다 칠순이 넘으셨을 분들이라, 자시고 싶은 것 가려 잡수실 수 있고, 가시고 싶은 곳 두루 가 보실 수 있게 용돈도 넉넉히 드리고 싶거니와, 세대가 다르고 배운 바도 많지 않으셔서 답답할 경우가 있더라도 그날그날 밖에서 일어난 일을 소상히 말씀드려 외로움을 덜어드리고도 싶건만……

　부모 생전에 자식된 도리를 다하지 못한 나는 '부모를 공경하시 않으면 돌아가신 후에 뉘우친다' 는 주자십회(朱子十悔)의 경구를 절실한 진리의 하나로 실감하면서 내 부모와 그 부모의 근본을 생각할 수 있는 족보를 보다 말고, 경건한 마음으로 그 등과 어깨에 보얗게 앉은 먼지들을 말끔히 떤다.

노을에 띄운 사연들

허 세 욱

　그렇게도 뜨겁고 그렇게도 밝던 것이, 사라질 때엔 아무 소리도 없었습니다. 산들은 산끼리 어두운 골짜기에서 일어나는 솔바람이나 안으려고 고개를 서로 모으고, 해 곁을 맴돌던 구름들은 허허로운 벌판에서 차라리 상기된 얼굴로 어디론지 가버렸습니다. 산은 움막으로 돌아가는 송아지처럼 감춰지고 구름은 제비 등에 실려 멀리 흩어졌습니다.
　그런 노을에 당신은 내 뺨을 당신의 턱앞에 끌어당기고 슬픈 유서를 낙서해주었습니다. 어쩌면 당신이 60년 전 어느 모래밭에 당신이 익힌 글자를 연습하듯이 적어주었습니다.
　백족지충(百足之蟲) 지사불강(至死不彊)…….
　완산 7봉(完山七峰)이 사립 앞에 버들처럼 잡혀지던 예수병원 6층의 노을이었습니다. 나는 내 장래의 예언자로, 아니면 허

許世旭(1934〜　　) : 중문학자・시인. 고려대 교수.

풍쟁이로 둔갑하여 이러쿵저러쿵 달콤하게 지껄일 때 당신은 저 짙푸른 소나무 새에 눈길을 묻으시고 빙긋이 웃으셨습니다. 내 얘기보다 저 소나무 그늘이 그리웠던 그 눈동자를 읽었을 때 나는 잠시 당신 곁을 도망칠 수밖에 없었습니다.

대밭 새로 모내기 농군들의 웃음이 굴러오던 탑전(塔田)의 노을입니다. 잠시 산보에서 돌아오니 사금(沙金)이나 캐듯 애써 혈관을 찾아 꽂아두었던 당신의 팔목엔 뻘건 피가 새어 있고, 주삿바늘은 그 곁에 동댕이쳐져 흥건히 피가 흐르고 있었습니다. 그날부터 우리는 당신의 거부를 말리려 울부짖었습니다. 태평양 물을 당신의 혈관에 관주한다 한들 소용이 없는 줄은 알지만 우리는 한사코 그것을 권하는 편이 자식인 줄 알았습니다. 모기만한 성대로 당신은 천명(天命)에 항거하는 노추(老醜)라고 하며 혼잣말로,

"어서 가게 해다오"
했습니다.

그러고도 열흘을 더 이승의 폭염과 싸우신 것은 아마도 우릴 위해 당신이 견딜 수 없는 희생을 스스로 강요한 게 아닙니까?

소나기 한바탕 지난 뒤 매미소리가 귀를 찢던 노을엔 새물이라고 수박을 사든 사촌누이가 왔었습니다. 송구스럽습니다만 참새다리보다 약간 굵은 당신의 허벅다리를 붙잡고 흔해빠진 눈물을 뿌릴 때 당신은 연신 손을 흔드셨습니다. 사람의 울음소리란 음산한 데다가 어쩌면 그렇게 간사하냐고 하셨습니다.

학생부군(學生府君)밖에 안되실 당신은 그렇게 청산(靑山)을 사랑하셨고, 보약을 부어 넣는 것을 오히려 악덕이라고 여기셨습니다.

멀리 산등성이마다 조각구름이 군데군데 분홍으로 얼룩져 반사되던 7월 7일 저녁노을, 나는 여느 때처럼 무릎 꿇고 당신의 머리맡에 앉았습니다. 차마 허리 옆에 앉을 수 없는 것은 내가 당신의 시선 밖에서 안전하게 흐느끼려던 기도가 있었기 때문입니다. 그때 어머니 말씀은 당신의 손발이 차가워진다는 것이었습니다.

"아버지! 4월 4일 아침 서울의원 진단 결과가 불치라고 내려졌습니다."

나는 생후에 처음 사형 집행하는 형관 같은 아픔으로 내 생명의 본신(本身)에 대한 논고를 했을 적, 당신은 언제부터 연습해 둔 것인지 초등학교 계집아이의 유희 동작처럼 유난히 부드럽게 당신의 삼대 같은 팔을 흔드시면서,

"짐짓 알았었다. 너희들이 고생 많이 했군"
하였습니다.

우리 부자 새에는 서로 위암(胃癌)이라는 징그러운 언어를 절약할 수 있었습니다. 나는 어릴 적 당신의 품안에서 배가 고프다고 울부짖었던 울음을 오늘은 차라리 포효(咆哮)로 들려드렸습니다. 그리고 나는 미친 사람처럼,

"아버지, 이젠 청산 나비가 되어 훨훨 나으세요!"

납함(吶喊)이요, 포효였습니다. 전에 없이 명랑하게 미소 짓던 당신은,

"이제 내 부모 곁으로 가는 거지"

했습니다. 부모를 저승으로 보러 가게 우린 당신이 평생 즐겨 입던 모시 겹두루마기를 입혀드리고 당신 유촉(遺囑)대로 하얀 백지로 당신의 손을 악수하게 하는 외로는, 전연 삼줄 같은 것

을 몸에 대지 않았습니다. 살기에 편안한 자세대로 모셔서 하얀 꽃송이로 엮은 목마에 태워드렸습니다.

　당신이 가실 집을 마련코자 타관 산천을 쏘다니고 돌아오던 석양이었습니다. 그것은 당신이 마지막 숨을 몰아쉬던 불과 서른 시간 전이었습니다.

　나는 항상 저녁노을을 역사광(逆射光)으로 줍던 동쪽 창문가에 앉아,

　"정남으로 100리 구릉평야가 활연히 트인 남원골 대실 앞산입니다. 멀리 할아버지 계신 지리산을 대면하였고…… 좋아하시는 잣나무나 심어드리고 사철 꽃이 피게 해드릴게요."

　이렇게 보고를 끝냈을 때 당신은 또 한 번 고개를 끄덕이셨습니다.

　"아버님, 어서 회춘하셔서 저랑 산구경 가요."

　당신은 평소 그렇게 아끼던 미소를 흘리면서 내 손을 쥐어주셨습니다. 이번 뿐 아니라 나는 늘 당신을 속여왔습니다. 뒤에 안 일이지만 당신도 우리를 속여왔습니다. 우리가 당신이 가실 날을 알면서도 모른다고 속여왔듯이, 어쩌면 당신도 갈 줄 알면서 가지 않는다고 우리를 속여온 것입니다.

　그러나 마지막 속인 것은 우리가 아니라 당신이었습니다. 그날 밤 기세를 올리는 모기 등쌀에도 부상하게 졸음이 덤벼올 때 당신은 나와 동생더러 건넌방에 가서 자라고 우리를 쫓으셨습니다. 새벽 닭이 미처 울기도 전 어머님의 황급한 부름에 놀라 당신 곁으로 뛰어왔을 때 당신은 이미 언어를 잃었습니다. 아무도 몰래 살며시 나들이를 가시던 당신의 성미를 모르는 바는 아니었습니다. 행여 며느리들을 괴롭힐세라 헌 고무신에 헌 두루

마기를 꺼내 입고 대문 밖을 나가시던 생전처럼 과연 당신은 소리없이 머나먼 나들이를 떠나신 겁니다. 내 손바닥을 당신의 비공(鼻孔)에 대었을 때는 이미 서서히 걷혀가는 게 있었습니다. 저녁노을에 해가 지듯이 그렇게 깜짝할 사이였습니다. 내가 옆에서 통곡하는 가족더러 진정하라고 소리소리했던 것은 당신이 아직 가시지 않은 거라고 믿었기 때문이었습니다. 그러나 이번에는 내가 내게 속임을 당한 것이었습니다.

　당신은 평생 우릴 속여왔습니다. 배가 고파도 배부르다고, 슬퍼도 기쁘다고, 끝내는 몸이 아파도 아프지 않다고 속이다가 건져낼 수 없게 되었습니다. 당신의 그 아름다운 인내는 참말로 우리를 슬프게 합니다. 올 이른 봄 뵈었을 때만 해도 당신은 단순한 소화불량이라 하면서 신축 공사장의 잔모래 같은 석회를 한 주먹씩 삼키시며 우리가 알세라 짜증까지 내셨습니다. 알고 보니 그때쯤은 당신의 위벽에 이미 어디선지 굴러온 바윗조각을 붙이고 그 위에 검푸른 이끼라도 돋고 있을 무렵이었습니다. 당신은 그렇게 당신을 속였고 당신을 그렇게 학대해왔습니다.

　70십을 바라보는 노구로 반드시 20원짜리 시내 버스를 타야 속이 편안했고, 제아무리 시장해도 포장집 포장을 들치고 10원짜리 막걸리를 뚝배기로 마셔야만 시원했던 당신이었습니다. 더러 내가 모시고 병원에라도 갈 양이면 10분쯤은 실랑이를 벌여야만, 그것도 강제로 모셔야만 택시에 오르셨고 임실(任實) 700리 길을 온밤 뜬눈으로 새워 완행 열차를 타고 새벽 대문을 두드리시던 당신이었습니다. 그도 찹쌀로 빚은 한 말들이 술통을 메고 손에는 채소를 한 짐이나 들고 계셨습니다.

　나는 아직도 당신의 나들이가 불귀의 나들이라 믿지 않고 있습니다. 생전처럼 새벽잠이 깰 무렵 여느 때처럼 철대문을 쿵쿵 두드릴 것만 같습니다. 아니면 오늘 막차로 내리셔서 마늘 한 접이라도 들고 자식 집을 찾느라 서울역전 인파를 뚫고 그 수척한 몸을 휘청거리며 버스에 매달려 계실 것 같습니다.

그것도 어느 저녁노을이었습니다. 분필을 흔드느라 서울에 모신 50일 동안도 거의 석양이라야 돌아갔으니 말입니다. 그것도 착실하게 맘먹은 나머지였다면, 당신이 당신을 학대하면서 살아온 것을 후회나 해주셨으면 속이 덜 아프겠습니다.

"아버님 사진이나 한 장 찍어둘까요, 서울에 오신 기념으로."

당신은 한사코 거부했습니다. 당신의 유용(遺容)을 준비하겠다는 내 속셈이 드러났다 싶어 그것도 그만 두었습니다만 인간 세엔 반점(半點)의 흔적이라도 남기고 싶지 않던 당신의 뜻을 알았습니다. 당신이 가신 뒤 우리는 당신이 하나의 국민된 것을 감사했습니다. 그것은 당신이 남긴 주민등록증의 사진으로 당신의 유용을 모시게 된 까닭입니다.

그 유용을 뚫어지게 살펴도, 까무러칠 듯한 음성으로,

"너무 다정해도 너무 슬퍼도 안 돼"

하시던 그 노을의 말씀은 들리지 않고, 금세 식어버릴 미지근한 손목으로 나를 쥐어주던 그 손목은 잡을 길이 없습니다.

모든 사랑은, 의식불명의 언어라도 언어가 있어야 했고 차라리 타버린 지푸라기 같은 온도일지라도 체온이 있어야 관류되는 것이었습니다.

상당한 대화는 없을지라도 흔들어주던 손길과 끄덕여주는 이마의 대화가 그리웠고, 찰싹 소리나게 부딪칠 수 없는 장심(掌心)이었지만 차라리 그 메마른 손길이 그립습니다.

노을에 띄운 사연들   159

가슴 조이며 당신이 터벅터벅 걸어가실 소리를 기다린 날엔 인류의 바늘 구멍 같은 지혜도 원망했지만 당신의 거룩한 체념은 차라리 힘을 잃은 신(神)보다 소명(昭明)한 것이었습니다.

당신의 체념은 하얀 목련화의 포물선으로 그림에 남기고, 당신의 슬기는 그 뜨거웠던 것이라도 돌아갈 때엔 가장 연약하게 숨어버리는 낙조(落照)를 배운 것입니다.

나는 당신이 갈 날을 예정한 날부터 많은 저녁노을을 70에 가까운 당신과 사십에 가까운 나의 애정과 애수로 서로 교환해왔습니다. 어느 때는 친구로, 어느 때는 사제로, 어느 때는 부자로, 크게 노하실지 모르지만 연정 같은 마음으로, 이야기한 게 아니라 속삭여왔습니다.

담쟁이 사연

박연구

　책을 보다가 눈이 피로해지면 곧잘 창 너머로 눈을 보낸다. 조그만 마당이지만 한켠으로 제법 정원 구실을 해주는 향나무·단풍나무·은행나무·사철나무·목련·철쭉·라일락 등이 나의 눈을 끌었다. 전에 살던 사람이 잘 가꾸지를 않아 볼품은 없었지만 이만한 집도 내게는 과분한 것인지도 모른다.
　우리가 이사 온 후로 제비가 찾아와서 처마 밑에 집을 지으려고 흙을 물어 나르는 것만 보고도 시골집 생각이 났다. 가난하게는 살았을망정 아버지는 집 치장만은 하고 살았다. 봄이면 도배를 새로 하는 등 집 손보기를 좋아하시던 아버지를 서울의 허술한 전셋집에 모시게 되었을 땐 송구스런 마음 금할 수 없었다. 반찬이 없어서 진지를 드실 수가 없다는 말씀은 한 번도 하신 일이 없는데 가끔 집 타박은 하시었다. 사람이 못 먹고 사는

朴演求(1934~　　) : 수필가. 계간 〈에세이 문학〉 주간.

건 괜찮지만 의관(衣冠)이나 주택(住宅)은 남의 눈에 띄는 것이라서 너무 초라하면 곤란하다고 함은 비단 우리 아버지만의 생각은 아니다. 시골집을 정리하고 해서 어떻게 하여 간신히 교외라고 할 수 있는 J동에 집을 사서 이사를 온 데가 바로 지금 사는 집인 것이다. 대지는 불과 50평 남짓밖에 아니되지만 새소리에 잠을 깨어 아침 안개가 허리를 두른 뒷산에 오르면 나도 《역락재기(亦樂齋記)》의 작가처럼 내 집을 찾은 누군가가 '뜰이 좋습니다, 몇 평이나 되죠?' 하고 묻는다면 '한 500만 평' 하고 대답할 수 있을 만큼 만족하고 있다.

아버지는 부근 농장에서 꽃나무 묘목들을 사다가 심으시느라고 용돈 요구액을 올려 말씀하시곤 했다. 어떤 땐 산에 가셔서 진달래를 캐오셨고 이름도 모르는 꽃나무를 옮겨다 심으시기도 했다. 일껏 심었던 나무를 다른 나무하고 대치하기도 하였고, 같은 뜰에서도 장소를 옮겨놓기를 좋아하셨다. 그런가 하면 화단 아닌 돌 깔린 마당에도 군데군데 관상수(觀賞樹)를 심으시곤 했다. 그 나무 둘레에는 예쁜 밤자갈을 주워다 깔았다. 이걸 돌잡이 아들 아이가 아장아장 걸어나가 돌멩이를 흩뜨려버리는가 하면 꽃나무 순도 분질러놓기가 일이다.

나는 아이놈이 할아버지 일감을 많이 만들어놓는 게 오히려 다행스럽게 생각되었다. 아이가 똥을 싸면 그걸 꽃나무 옆에 흙을 파서 묻기도 하고, 우리 집으로 들어오는 골목에 이웃집 강아지가 싸놓은 똥도 삽으로 떠다가 역시 화초 옆에 묻으시는 일이 하나의 일과(日課)가 되고 있었으니까.

그런데 하루는 벌똥나무와 머루덩굴을 파서 뽑아버리신 것이 아닌가. 볼품없는 벌똥나무는 눈에 거슬리기만 하고 포도덩굴이면 몰라도 머루덩굴은 다른 꽃나무를 성가시게만 할 뿐이어서 없애버렸다고 말씀을 하시었다. 노부(老父)가 하신 일을 뭐라고 언짢게 말씀드릴 수는 없었지만 나는 어느 꽃나무가 없어진 것보다도 섭섭한 생각이 들었다. 이 나무는 전에 살던 이가 산에서 캐다 심은 듯싶었는데 나는 향수(鄕愁)마저 일어 벌똥나무와 머루덩굴에 애착을 느꼈던 것이다. 나는 어린 시절을 산마을에서 보냈다. 나무를 하다가 벌똥나무나 머루덩굴을 발견하면 정신없이 따 먹었다. 이런 것들은 산골아이들에겐 더없는 군것질이 돼주었던 것이다.

누구네 집에나 으레 있는 나무는 나무 이상의 뜻을 지닐 수 없다. 나는 우리 아이들에게도 시골맛을 느끼게 해주고 싶었기 때문에 벌똥나무와 머루덩굴이 있는 것을 퍽이나 다행스럽게 생각하였던 것이다.

아무리 내 마음은 그러하다 해도 아버지한테 그런 뜻을 밝힐 수는 없는 일이 아닌가. 꽃나무를 이리저리 옮겨 심는 일을 좋아하시는 아버지도 작년 늦가을에 옮긴 까닭으로 잎을 피우는 게 현저하게 늦는 무궁화와 단풍에 대해서는 시행착오(試行錯誤)였음을 인정하시었다. 더욱이나 장미 하나는 영 죽고 말기까지 했다. 서울은 땅 밑이 상당한 깊이까지 언다는 것을 모르시고 남도(南道)의 고향 생각만 해서 옮겨 심으셨던 것이 동상(凍傷)에 걸리게 하여 그리 되었다고 볼 수 있다.

아버지는 또 한 가지 일을 단행하시려고 했다. 저놈의 담쟁이덩굴을 확 뜯어버렸으면 시원하겠다고 벌써 몇번째나 말씀을 하시었지만 제발 그것만은 그대로 놔두었으면 좋겠다는 뜻에서 아버지를 설득해보려고 나서기는 했으나 자신이 없었다.

——포도과에 딸린 갈잎 덩굴나무. 바위, 집벽 표면에 뻗음. 잎이 아름다워 관상용으로 심음. 낙석(絡石), 석벽려(石薜荔), 용린벽려(龍鱗薜荔), 원의(垣衣), 지금(地錦)——사전에도 이렇게 풀이되었거니와 사실 내가 책을 읽다가 눈이 피로해졌을 때 창 너머로 화단의 나무들을 보면서도 앞집과의 경계로 된 우리 담벽을 휘덮고 있는 담쟁이덩굴에 제일 많은 마음을 보내었던 것이다. 이 무성한 담쟁이로 해서 초라한 화단이 커버되고 있는 것도 고맙거니와 그보다도 나는 담쟁이에 얽힌 오 헨리의 단편 〈마지막 잎새〉를 연상하고 더욱 애착을 갖게 되었다.

　병상에 누운 존시는 창 너머 건너편 집 벽에 매달린 담쟁이 이파리를 세면서 마지막 잎새마저 지고 말면 자기도 가고(죽고) 말 것이라고 친구인 수에게 말했다. 이 세상에 대한 가냘픈 애착이 더 약해지면 저 가볍고 연약한 나뭇잎새처럼 약한 그녀가 정말 날아가버리지 않을까 걱정이 된 수는 아래층에 사는 늙은 화가 베어먼 영감을 찾아갔다. 베어먼 영감은 40년간이나 화필(畵筆)을 휘둘렀으나 아직도 예술의 여신의 옷자락도 만져보지 못했다. 남의 모델 노릇이나 해주고 연명하고 있는 처지인데 수의 청을 어찌 마다하겠는가. 베어먼 영감을 모델로 그림을 그릴 테니 창밖은 내다볼 생각 말고 잠들도록 하라고 존시에게 일렀다.
　다음날 아침이었다. 존시의 성화에 못 이겨 커튼을 올리고 창밖을 바라보자 담쟁이 이파리 하나가 밤새껏 불어친 비바람에도 떨어지지 않고 붙어 있었던 것이다. 이 기적을 본 존시는 살 수 있다는 자신을 얻었다.

이 아가씨를 살려낸 기적은 곧 알려지게 되었다. 바로 베어먼 영감이 그 담벽에 사닥다리를 놓고 올라가 밤새껏 그린 그림이었던 것이다. 11월의 차가운 비바람을 맞아가며 필생의 걸작을 남긴 베어먼 영감은 그 길로 폐렴에 걸려 이틀을 앓다가 죽었다는 내용이다.

나도 현재는 비록 예술의 여신의 옷자락도 못 만지는 부끄러운 작가이긴 하지만 언젠가는 베어먼 영감처럼 걸작 하나쯤은 남길 수 있을 것이란 기대 속에서 살고 있다. 원고를 쓰다 막힐 때도 창 너머로 담쟁이덩굴을 바라보면 상(想)이 이어지곤 하였던 것이다.

화단을 손보시던 아버지가 내 방으로 오시더니 애원하다시피 담쟁이덩굴을 제거하자고 말씀을 하시질 않겠는가. 내 생각과는 반대로 담쟁이 때문에 다른 나무들이 제 모습을 드러내지 못하고 있다는 것이었다. 나도 아버지에게 애원하다시피 올해만 그대로 놔두었으면 좋겠다고 말씀을 드렸더니 아무 대꾸도 안 하시고 나가시었다.

이때의 아버지의 뒷모습이 그렇게 쓸쓸하게 보일 수가 없었다. 이어서 어머니의 모습이 떠올랐다.

"나는 생전에 너의 아버지 원하시는 걸 거역한 일이 없다. 아버지 하자시는 대로 해라."

아버지 방에 걸린 어머니 초상화의 사진틀에는 카네이션이 꽂혀 있다. 어버이날 아내가 아버지 옷섶에 달아드렸는데 아버지는 또 그걸 어머니 초상화 밑에 꽂으신 것이다. 고추 달린 손주를 못 보고 돌아가신 어머니를 생각해서 아버지는 오랜만에 얻은 내 아들아이의 백일 사진을 초상화의 사진틀 안에 끼워넣어 둔 것도 알고 있다. 나는 막내딸을 불러 할아버지에게 아빠의 말을 전하라고 했다.

"할아버지, 할아버지! 아빠가요, 담쟁이덩굴 뜯어버려도 된대요."

걸작은 쓰지 못하게 될지라도 아버지의 마음을 섭섭하게 해 드리는 자식이 될 수는 없다고 판단했던 것이다.

딸이 그리는 모상

정양완

"예쁜 손 깔끔히 씻고 이리 오련? 보송보송하게 말리고 와요!"

비누질한 손을 두 번 헹구었다. 뽀득뽀득 소리가 났다. 마른 수건질한 손을 엎어보고 젖혀보았다. 이젠 됐다. 아기가 깰까봐 미닫이를 사르르 열고 까치발로 방에 들어갔다. 어머니의 눈은 나를 쓰다듬듯 웃고 있었다. 무릎을 꿇고 앉은 나는 두 팔을 벌렸다. 보나마나 아버지 옷을 지으실 명주실 타래를 붙들어야 되는 일이다. '앞으로 나란히'의 작은 팔을 벌린 나는 엄지손가락을 곤두세우고 다른 네 손가락을 다소곳이 모이서 싹 폈다.

명주실 타래를 내 손에 거시며 어머닌 내 볼에 고운 볼을 슬쩍 대셨다. 어머니 입김이 내 귀밑머리를 간지럽히는 것 같았다. 내 코는 벌룽거렸다. 엉성한 앞니를 드러내고 나는 웃음을

鄭良婉(1929~   ) : 국문학자. 성신여대 · 정신문화연구원 교수 역임.

지었다. 두 손을 뉘었다 일으켰다. 머리도 따라서 까닥거렸다. 왼손과 바른손은 섞바꾸어 반만 엎어지고 젖혀졌다. 흰 명주 헝겊에 싸인 나무 실패 허리에 외로, 바로 어긋매껴 감겨지는 흰 실오라기도 노래를 하였다. 감는 손과 감기는 손은 장단이 맞았다.

"어머니!"

난 그냥 한번 불러보았다.

"왜!"

우리들의 눈은 마주 웃었다. 늘 웃고 있는 어머니 눈은 더한층 빛났다. 실에서도 윤이 자르르 흘렀다. 어머니는 지금 무슨 노랠 부르고 계실까? 아마 똑같은 노랠 거야. 그러니까 요렇게 잘 감기지 뭐. 실이 실패에 감기는 노래와 옷소매가 앞자락에 스치는 노래만이 방 안에 올랐다. 어느덧 실패허리가 제법 불룩해졌다. 끝까지 엉기지도 않고 잘도 감겼다고, 우리 셋째딸이 잘도 잡았다고 어머니의 눈은 또다시 새웃음을 머금고 있었다. 어머니 팔이 아프셨을 텐데……. 실이 얌전히 잘 풀려주어서 정말 고마웠다.

"마음이 순편한 사람의 옷을 지으려면 이렇게 실부터 잘 감긴단다."

흐뭇한 아버지의 사랑 속에서 뒤투정 하나 없이 살아가는 어머니는 그저 행복해 보이기만 했다.

실패 몸에 미리 감았던 명주 헝겊을 양쪽으로 씌워 여미고 바늘쌈을 여셨다. 몇 개를 꺼내시더니 머리카락을 긁어보시고, 옷 앞섶에 꽂아본 다음 헝겊오라기에 꿰매는 시늉을 하셨다. 나도 다 안다. 바늘 선을 보시는 거다. 그 중에서도 긁히지 않고 몸이 날렵하면서도 나긋나긋한 바늘 두어 개를 골라내셨다. 그건 바로 명주 바늘이라는 미인 바늘들이다. 물론 아버지 옷을 꿰매시는 명주 실패에 꽂혀 명주 헝겊에 싸여서 반닫이 속으로 감추어졌다.

"아기 깨기 전에 마름질을 마쳐야지!"

골을 싸서 개켜두신 명주 옷감이 반닫이에서 얼굴을 내밀었다. 가을 하늘에 담방 담갔다가 이내 꺼낸 듯한 오련한 옥색, 거기에 약간 미색을 띤 듯 만 듯한 부드러운 빛깔. 하늘빛보다 훨씬 따뜻한 은은한 옥빛. 어머닌 솜씨도 좋으시지. 하얀 옷감에 어쩜 저런 빛을 물들일 수 있으실까? 요술쟁이 같은 어머니 손을 난 물끄러미 바라보고 있었다. 거기다가 또 가사리풀을 먹이고 홍두께까지 올려 다듬으신, 사랑이 흠뻑 배인 반들반들한 옷감. 두루마기와 저고리가 나고, 토시 한 감이 벌려졌다고 어머닌 기뻐하셨다.

"옛날에는 명주, 토주를 다 제 손으로 날아서 제 식구의 옷을 지었건만……."

이렇게 정성껏 실을 감고 비단을 다듬고 매만져 옷을 짓는데도 오히려 정성이 부족함을 늘 아쉬워하시는 어머니. 그러고 보니 아버진 여태 남의 손에 꿰매진 옷을 걸치신 일이 내 기억엔 없다.

"어머니, 이건 참 따뜻하겠죠?"

"이런 비단 옷은 어른이나 해드리는 거란다. 어머니가 자랄 땐, 어머니 외가에서 자랐단다. 그 집은 여느 생일 때에도 돝(돼지)을 잡는 대갓집이었지만, 난 시집올 때까지 명주 오리 하나

걸쳐보들 못했단다. 비단옷은 부모 덕에 입는 게 아니라고 들어왔어. 이 다음에 시집가서 자식의 효도로 입는 거라 하셨다. 설에도 고작 무명에 분홍물이나 들여 입었지 비단옷이라곤 저고리 하날 안 해주시더라. 시집올 때 우리 외할머니가 명주 누비 바지에 삼팔 속옷붙이를 넣어주시고 순인 겹치마에 삼팔 안을 받쳐 입혀주실 때, 어머니 눈은 화등잔만해졌단다. 이게 웬일인가 하구 말야……."

시집오기까지 외가에서 이처럼 엄한 교육을 받아온 어머니는 과연 무당도 모르고 판수도 몰랐다. 절에라도 다니면 집안이 곧 망할 듯이 교육을 받았던 어머니였기 때문에 일가 아주머니 중에는,

"온, 이 집은 천착쟁이(천주교도)네 집인가? 날상제가 인줄도 못 봤나? 온."

약간 못마땅해하시는 분도 계셨다. 인줄은 명색뿐, 날상제도 드나들고 산방에까지도 들어왔다. 하긴 이런 것을 구기(拘忌)하는 집도 많긴 하다.

그런데 웬일일까? 같은 교육을 한결같이 받으셨을 이모님은 딴판이셨다. 어머니가 아프다는 눈치만 뵈면 곧 벌벌 떨고 오셨다, 꼭 뭘 데리시고. 그런 걸 아버지가 싫어하신다고 어머니를 뒷방으로 데려가셨다. 소반 앞에 앉히고 쌀에다 돈을 놓고 그저 중얼대셨다.

"제발, 제발, 내 동생 살려주십소사."

비시던 모습. 이상한 눈을 번득이면서 뭣을 쫓는 시늉을 하고 빙빙 돌아가던 무당의 모습이 지금도 눈에 선하다.

하긴 이모님은 그럴 수도 있는 넉넉한 댁으로 시집을 가셨고,

어머니는 외갓집 교훈을 꼭 지켜야만 하는 어려운 살림을 사시느라고 그 뜻이 더욱 굳어지셨는지도 모를 일이다. 물론 결혼 후 은근한 아버지의 교양이 컸음이야 말해 무엇하랴.

 여자란 부모 곁에서 받은 교육 말고도 더 많은 세월을 같이 살 남편의 교양 속에서 자라야만 한다. 내 정성을 다하여 웃어른을 섬기고, 남에게 따뜻하고 바르게 사는 것, 제 마음속자리를 늘 곱게 지니는 것, 그러고서는 부모님의 굽어보심 이외에는 믿는 것이라곤 없는 어머니의 신앙은 어찌 보면 어느 교인의 삶보다도 독실하게 보인다.

 6·25 동란을 전후하여 둘째딸, 남편, 아들, 알토란 같은 세 식구를 그리는 안타까움 속에서도 아직 점쟁이를 찾아간 일이 없는 어머니는 나 보기에도 갸륵하고 신통스럽다. 그런데 그 어머니의 딸인 나는 어머니 딸답지도 않게 두 번이나 점을 쳐보았으니 9·28 뒤 한 번, 1·4 후퇴 후 부산서 한 번, 아버지 오실 날을 점치러 간 일이 있었다.

 이제 생각하면 어처구니없는 짓이었지만, 그럴 때마다 내 동생 홍모하고 둘이 갔었다. 오빠 둘은 만만치도 않고, 그애가 맏동생이었고 속이 깊어 굳은 말 들어도 입벌리지 않을 것을 다짐할 필요가 없었기 때문이었다. 그리고 또 한 가지는 차마 어머니에겐 가슴 아픈 소리를 직접 드리고 싶지 않았기 때문이다. 그 뒤 그애는 소대장으로 사자고지(獅子高地) 싸움에 나갔고, 얼마 뒤 하얀 목상자에 싸인 유골이 되어 어머니에게 안겨졌다. 그러고도 우린 아직 이렇게 꿈틀거리고 있다.

 어머니가 신부례해온 집은 서강(西江)이었다고 한다. 그때 아버지는 부모님과 양어머님을 모시고 있더란다.

"영감마님은 행랑방에서도 국수장국을 달게 잡수셨고, 형수님이신 큰마님을 어머니 모시듯 하였다. 큰마님은 집안간 젊은 네들과 아랫사람까지도 큰마님 큰마님하고 붙좇던 분이었지."

이렇게 돌이켜보는 어머니는 생할머니이신 실내마님 말씀에 이르면 눈초리가 흐려진다.

'마흔의 외동이를 응아 하자 맏동서께' 바치신 뒤로는 줄곧 안방 윗목 장지 밖에서 평생을 지내시면서 맏동서님을 시어른 모시듯 하셨단다. 아들 며느리에게까지도 애써 쌀쌀히 구시더라는 대범하신 실내마님을 모시고 살았던 우리 어머니는 과연 대복지인(大福之人)이라는 생각이 든다.

열아홉에 시집온 바싹 마른 새댁이 제법 허리가 둥그러지고 스물둘에 첫아들을 낳기까지엔 영감마님과 두 마님의 고수련과 돌보심이 이만저만이 아니셨단다.

"허! 저애가 왜 저래, 속이 찬 게로군."

새벽 뒤보러 가는 낌새를 아신 영감마님은 그날로 구절초·익모초에 대추·밤을 가마에 고게 하시더란다. 친정 아버지의 사랑을 모르고 자란 어머니는 시댁 와서 비로소 넓으신 시아버님의 사랑에 젖었고, 철들어 여읜 친정 어머니의 정을 양·정 두 분 시어머님의 사랑에서 훈훈히 이어갈 수 있었다고 한다.

"실내마님, 이 무를 어떻게 썰까요?"

"얘! 다 큰마님께 여쭈어보아라. 큰마님 하라시는 대로만 하렴!"

한집에서 때때로 싹트는 온갖 어머니의 정을 모르는 척 억누르고 사시느라고 생할머니는 얼마나 가슴 아프신 때가 많으셨을까. 그러나 법도를 위해서 참고, 집안의 화목을 위해서 견디시고, 맏동서님의 여생의 기쁨만을 위해서 솟는 정을 맺고 끊은 듯 참으시더란다. 어머니의 일생에 인내의 길, 화목을 위한 희생에의 길을 몸으로 가르치신 분은 바로 이 생할머니이셨으리라 여겨진다.

경술(1910) 이후 아버지의 발길이 압록강을 넘나들 때, 그리고 상해(上海)에서 돌아오셔서의 풍진 속에서, 어두운 밤, 아버지 인생의 길잡이가 되신 마음의 등불도 물론 생할머님이셨을 것이 짐작이 간다.

"큰마님께선 생떡국을 좋아하셨는데······."

"실내마님께선 죽을 싫어하셨어. 돌아가시는 날까지도 중둥진지를 지어드렸지. 새우젓에 초 칠 때에도 생각이 난다."

"동대문 안 집에서 살 땐 영감마님 조반을 10시가 넘도록 못 해드린 적도 있었지······."

말씀이 이 세 분에게 미치기만 하면 늘 눈물을 글썽이는 어머니를 보고, 나는 훈훈한 우리의 가풍을 짐작할 수가 있다.

서강(西江) 집도 세든 것이라지만 서울 문안으로 들어오고 싶어하시는 세 분의 뜻과는 달리, 아버지는 둘째댁 아저씨를 따라 진천(鎭川)으로 옮겨가기를 우기셨단다.

"부모님께 불효지만, 형을 살려야지요. 단 하나밖에 없는 우리 형을요"

하고 사업에 실패한 양형을 눈물로 두둔하는 바람에,

"자식은 쓰게 두었다"

고 따라가셨단다. 거기엔 땅이 좀 있었다고 한다. 참판(參判)을 지낸 할아버지가 날콩알 두어 집음을 냉수로 씹어넘기면서 허리띠를 졸라매며 사 모으셨다는 땅, 아들에게 물려주려고 뼈 아프게 모으신 깨끗한 땅마저도 다시 남의 손에 넘어가게 되어, 아버지는 또다시 아저씨를 위하여 충남 목천(木川)으로 옮겨갔다고 한다. 거기서 서울로 되불려올 때엔 맨몸만 나오도록 아저씨의 사업은 실패를 거듭했다고 한다.

동대문 안 월셋집 하나로 떠돌아들기까지 아버지가 한 마디 원망이 없으셨을 테니 그림자일 뿐인 어머니가 무슨 말이 있었으랴. 을씨년스러운 날, 빈 부엌. 아버지 친구 부인 한 분이 간장 한 병에, 유리조각같이 반들반들 길든 옹솥 하나를 걸어주고 가더란다.

"그분이 바로 훗날 네 둘째 언니의 시어머니가 될 줄이야 누가 알았겠니?"

어머님의 회고담이 이 대목에 이르면 내 손은 어느새 어머니 손을 꼬옥 잡곤 한다.

"네 둘째 오래비 낳을 때만 해도 바로 동대문 집이었다. 솔가리 두 단, 성냥 두 갑, 미역 한 오리 사놓고 그 앨 낳았단다."

그 이후론 어머니 외가에서 해온 옷가지 패물붙이가 곧잘 날개돋쳐 전당포로 들어갔고 기한이 넘어 대부분은 남의 손에 넘어가고 말았단다. 내가 철든 뒤에도 제삿날 굶고 자는 때가 더러 있었다. 그것은 돈 주선이 안되어서 늦게야 아버지가 들어오시기 때문이었다. 제물은 다 차려놓고 있지만 자정이 되어야 지내는 제사. 우리의 저녁거리는 없으니 말이다. 섣달 그믐 때도 마찬가지였다. 색동 바지저고리 하나 입어봤으면 하고 동네 아이들 설빔을 할끔할끔 보고 손가락을 빠는 나를 어머니는 보셨단다. 물론 나는 곧 집으로 들어와 어머니 일을 거들었다, 아무렇지도 않은 척하고.

"어머니, 우리 집 편수는 예쁘기도 하죠"

하고 능청을 떨면서 강정도 지어놓았고, 전유어도 염접하여 괴어놓았다. 그러나 설탕, 꿀, 고물이 없어서 우린 일손을 멈추고 기다려야 했다. 그럴 때 어머님은 놀부 흥부 얘길 곧잘 해주셨다. 날이 저문 뒤 책을 잡혀온 아버지는 돈 얼마를 내어주셨다. 어머니와 우린 그 밤에 꿀·설탕·깨·콩을 사서 밤을 새워 제물을 장만했다. 큰오빠 아랫방에서 책을 들여다보았지만 둘째 언니, 둘째오빠, 나, 홍모는 큰 일꾼이었다. 둘째 오빤 곰살고와 깨강정도 나보다 더 잘 묻혔다. 열박(바가지)에 넣고 까불러가며 묻혀서는 어레미에 다시 도스르던 생각. 침이 튄다고 입에 수건을 매고서.

"제물은 이렇게 정성으로 하는 거란다. 너의 아버지를 낳으신 할머니 할아버님이신데, 그리고 또 그 할아버님을 낳으신 윗대 어른들이시니 귀하지 않니?"

내수동 살 때의 일이다. 내가 아마 초등학교 4학년쯤 되어선지? 골목에서 놀려니까 웬 캡을 쓴 남자가 날보고 이게 너의 집이냐다. 고개를 끄떡끄떡하니 두말 않고 뒷걸음치는 나를 따라 분으로 들어선다.

"실례합시다, 책 좀 보러왔습니다."

둘째언니가 나와서 어서 오시랜다. 어머니가 이상한 눈짓을 언니에게 주는 것을 나는 얼핏 보았다. 공연히 이 책 저 책을 뒤적거리더니,

"에잇, 이런 어려운 놈의 책을 너의 아버진 다 읽느냐?"

하더니 휘 돌아보고 그는 사라져버렸다. 지금 생각하니 그 무렵이 바로 학병(學兵)이다 뭐다 하고 한창 우리 큰집 작은 오빠들 또래(지금 50 전후)를 잡아가기 시작하던 때인 듯싶다.

연희전문학교 교수를 그만두신 아버지가 갑자기 자리 보전하고 누우시게 된 것은 바로 그 뒤였다. 후리후리 크신 키에 수염이 신선 같으신 유진태 옹(兪鎭泰翁)이 다녀가신 이튿날 아버지가 누우셨다. 급성 신장염이라고 어른들이 수군거렸다. 그러나 울릉도서 수박이 왔다. 아기만하게 기다란 수박은 큰 함지박에 얼음을 채인 채 밤새도록 야릇한 소리를 내었다. 꾸룩꾸룩 꼬르락꼬르락.

"여보, 아우님. 아무래도 저 속에 뭐 들었나보우."

"형님도, 들긴 뭐가 들어요?'

"누가 아우, 원 세상에 이런 큰 수박이 어딨수? 이게 여느 수박 아닐게요. 구렝이가 들었나?'

"그럼 형님 짜개 보세요, 시원하시게."

"아이고머니, 내가 어떻게 짜개우!"

어머니는 식칼을 들고 오셨다. 가뜩이나 심란한 세상에 아주머니 성화에 볶여,

"구렝인 무슨 구렝이가 들었겠어요?"

하고 고 쪼그마한 체구 그 어느 구석에 어머니는 담력을 감추고 계신지. 엇썩! 소리가 났다. 모두들 도망쳤다. 구렝이는커녕 아무것도 없다. 다만 오다가 곯은 수박에 물이 들어가는 소리가 그렇게 온 집안을 법석치게 한 것이었다.

소위 '내선일체(內鮮一體)'니, '학병에 용약 지원하자' 느니의 간판을 내걸고 강연을 하러 다닌 사람들은 그 무렵 우리 나

라의 모모한 지식인들이었다. 그들도 하고야 싶었으랴. 원고를 들이밀며 '읽을래, 안 읽을래? 안 읽으면 알지?'에 목줄이 매어진 불쌍한 제사양에 지나지 않았을 테지. 그런데 아버진 이 짓을 면하기 위한 꾀병이었고, 그 지시자는 유진태 옹이셨던 것을 철든 뒤에 알았다. 그 뒤로도 형사는 가끔 지분거렸지만 자리 보전하고 누운 사람을 끌어낼 순 없었다. 이렇게 숨을 죽이고 사는 데도 그나마 못 견디어 시골로 도망간 곳이 창동(倉洞)이었고, 거기서 다시 우린 익산(益山)으로 숨어 살게 되었다. 그땐 바로 이 땅을 짓밟은 일본인들이 마지막 발악으로 눈이 뒤집힌 무시무시한 때였다.

서울역에서 신주를 모신 아버지와 어머닌 이등칸으로 들어가셨다. 두 분이 앉으신 것을 뵙고 우리들 조무래기는 삼등칸으로 몰려갔다. 도포에 유건(儒巾)을 쓰고 행차독을 모신 아버지 내외분이 들어서자 교만해 보이는 일본인 몇 사람의 눈초리가 두 분을 훑어보았다. 그러나 하도 엄숙한 아버지의 표정에 질렸는지 스르르 눈길을 내리깔거나 멋쩍은 듯이 담뱃불을 켜대는 것이 보였다.

익산 황화면(皇華面) 새터는 두메산골이었다. 우리가 그곳에 닿았을 때, 마침 앞집 과수원에선 꾀꼬리가 울어대었다. 이듬해 누렇게 패는 보리밭에서 꿩이 푸드덕기리는 걸 보았고, 밤이면 소쩍새 울음을 들어가면서 우리는 숨어숨어 살았다. 그동안 어머니는 두 딸네와 작은 오빠를 몹시도 그리워하셨고, 작별할 때 눈물범벅이 되신 이모님을 못 잊어하셨다. 거기서 한겨울을 났다. 그 이듬해 가을 소오(小梧) 선생님의 반가운 엽서, '하늘이 미쁘사 오늘을 보게 되었다'는 광복의 소식이 날아들었다. 아버지와 큰오빠 그리고 나는 서울로 올라왔다. 초가집이나마 창동 집을 팔고 간 우리들은 우선 큰언니네로 몰려들었었다. 그 이듬 해 흑석동 집으로 어머니와 온 식구가 합치기까지 우린 거의 열 달 가까이 서로 그리워하며 살았다.

새 나라를 건설하자는 부푼 가슴에 닥쳐온 38선의 비애, 나라 만들 일에만 허둥지둥 집 하나를 세 얻지 못 하신 아버지는 틈 틈이 어머니를 격려하시고 긴 편지를 쓰시곤 하셨다. 어머니가 서울로 올라오시자 뿔뿔이 헤어졌던 식구들, 두 딸네들도 만날 수 있었다. 그러나 어머니에겐 단 한 분인 살붙이 언니(우리 이 모님)가 세상을 뜨신 서러움이 기다리고 있었다. 우린 어머니가 어떻게 되실까봐 차마 그 말을 못하고 얼마를 기이고 지냈다.

미운 꼴 하나를 안 보게 된 줄 안 이 땅에는, 남북으로 또 딴 얼굴들이 판을 치게 되었다. 미워해야 할 사람이 누군지, 진실 로 애틋하며 얼싸안을 사람이 누군인지를 모르는 이 겨레는, 차 마 왜 모르기야 하랴만도 허깨비 씌운 놈들같이 남의 손에 놀자 38선은 더욱 굳어만졌고 드디어는 6·25의 참극이 벌어지고 말 았다. 큰 나라가 구석구석이, 온 백성이 가슴의 마디마디를 앓 는 이 동란에 어느 누가 서럽지 않으랴만, 어머니는 7월 어느 날 북으로 납치된 남편과의 거리를 안타까워하면서 육남매를 위하여 피란길에 오르셨다. 아버지의 원고 뭉치와 할머님의 편 지 뭉치만 안고서.

뽀얗지도 못한 죽물을 첫그릇에 푸시며 언짢아하시던 어머니 는, 홍모의 전사(戰死) 이래로 더욱 입술이 타기 시작하였다. 내 옆 양모와의 사이의 빈 자리를 밥상머리에서 늘 허허대시던 어머니의 눈길이 나의 목을 뿌듯하게 하였다.

"석희 어미냐? 우리 홍모 나이가 세어보니 마흔둘이 됐구나. 그 어진 게 갔다면 필경 극락에 갔을 테지만……. 연금(年金)을 타먹으며 제사 한 번도 못 지내 주니……. 이번 연금 받은 것을 기를 쓰고 애꼈다. 지금 3,000원이 있는데, 어미 언제 틈 좀 없지?"

떨리는 어머니의 음성, 숨이 차시고 게다가 목이 메신, 줄을 타고 오는 그 음성. 백중날 나는 어머니를 모시고 조그마한 암자를 찾았다. 그게 어머니를 조금이라도 위로해드리는 일이라면야 하고. 부처님 앞에서 수없이 큰절을 하시는 일흔여덟의 어머니 모습은 여린 내 창자를 찢는 것 같았다. 마지막 절을 하고 합장하실 때의 뒷모습. 왼쪽으로 처진 어깨. 쑥 패인 목 뒤의 누런 점들. 그 곱던 볼께의 주름살. 흰 가락이 많아지신 머리. 이젠 벌써 비녀를 이기지 못하시는 조그마한 쪽. 그래도 어머니는 그저 꿀꺽 침 넘어가는 소리를 낼 뿐, 내 손을 잡고 조용히 암자를 나오셨다.

아버지 생신날, 어머니 생신날만은 늦게라도 어머님께 간다. 어떤 땐 학교 가기 전인 꼭두새벽이라도. 그런 날은 유난히도 어머니가 더 걸린다.

"부디 앓지 말고 오래오래 사세요. 그래서 이버질 만나셔야죠."

이 말을 떨면서 뇌어온 지도 벌써 스물세 해.

"여보! 운서(韻書)."
"여보! 장씨총서(章氏叢書) 다섯째 권."

"여보! 당신 읽으시던 춘추(春秋)."

아버지에게 있어서 어머니는 입의 혀였다. 《운서》는 어머니 손에 공단 옷을 입혀진 고동색 책. 《장씨총서》는 기름한 수박색에 붉은 제자. 할아버지 읽으시던 《춘추》는 누른 완자 무늬를 입혔었다. 어머닌 불 안 켜고라도 그 꽂혀 있는 자리를 더듬을 수 있었다.

"여보! 저어, 뭐 좀 없수?"

사랑에서 들어오면서 좀 미안스러운 눈치의 아버지. 우린 벌써 저녁 준비를 하고 있는데, 어머니 명령에 따라 나는 이미 사랑방 주추 위의 신을 세고 들어왔고 조그마한 보자기를 들고 금목(金木)이네 전당포에 들러 온 지 오래였다. 그뿐인가, 장까지 보고 온 뒤다. 지금 여편네라면,

"여보! 아아니, 내가 뭐 식당 마담인 줄 아세요? 여기가 여관이오? 주막이오? 온, 난 못 살아요, 못 살아."

별별 푸념을 다 부릴지도 모른다. 어머니에겐 아버지를 위한 일이라면 아까운 게 없고 싫은 게 없다. 우리들이 잠든 뒤에도 어머니는 아버지 옷을 짓고 버선을 감치시고 허리띠를 접으셨다. 아버지가 즐기시는 음식이라면 언제든지 해드리고 싶어 몸이 다셨다. 아버지 친구 어른들이 맛있다고 하시는 '감동젓무(곤쟁이젓으로 간을 맞추어 입에 살살 녹는 우리집 깍두기의 하나)'도 세밑이면 한 항아리씩 담가 보내시기도 했다. 그것이 또한 남편의 마음을 기쁘게 해드리는 길이기 때문이었을 것이다.

평생을 김치 깍두기를 안 드신 아버지의 반찬은 여느 사람의 그것보단 시중이 힘드셨을 것이다. 하지만 없을 땐 콩나물국에 간장 한 종지, 혹 간장에 잣이나 호도, 없을 땐 땅콩만 띄워 드

려도 되었다. 이런 것을 안 먹어본 사람들은 어디 반찬이 되겠느냐지만, 소금기름에 볶은 땅콩이 중국 사람 죽 반찬으로도 해롭지 않은 것이다. 그러다가도 거리만 있으면 어머니는 고달픔을 잊으신다. 부엌에서는 신이 난 듯한 도마소리가 연주를 한다. 쇠고기만 가지고도 수없이 솜씨를 부리신다. 그것도 속작으로 산포나 편포만도 몇 가진지 모른다. 요새는 우리 집의 솜씨를 남겨야 된다고 딸과 며느리에게 가끔 실습을 시키신다. 게다가 소로(小爐) 맛을 잘 내시는 것이 어머니의 특기시다. 두부 전골이 그것이다.

"이게 다 우리 두 마님 끼치신 솜씨란다."

으레껏 어머니는, 온갖 공로는 할머니께만 돌리신다. 요새도 신기가 좋으실 땐 머리를 곱게곱게 빗으신다. 졸음댕기로 묶으신 머리를 세 갈래로 따시는데 머리를 눈눈이 민빗질을 하시고 잔털을 밑기름으로 재우신다. 거기다 자주댕기를 들이시는 어머니. 아무리 허둥대고 법석을 해도 제 수건 외의 것은 못 쓰게 하시던 어머니는 어쩌다 딸네집에만 오실래도 보따리가 한 짐이다. 빗접·자릿적삼·칫솔·치약·소금그릇·수건·비누까지 당신 소용은 일체를 다 챙기고 다니신다.

흙내도 안 올라오는 시민 아파트 3층에 사시면서도 질화로 쪽, 뚝배기쪽에 꽃을 가꾸시는 손.

앙그러지고 맛깔스런 음식을 만드시기 즐기시고, 먹이시길 좋아하시는 분. 춥다면 벗어주고, 맛있다면 덜어주어, 당신에겐 붙일 게 없고 그 입엔 들어갈 게 없어도 늘 만족해하시는 어머니. 그렇다고 우리 어머니가 잘난 여편네라고 나는 생각해본 일은 없다. 그 억척 같고 휘번드르르하고 기승스런 그런 여자와는 딴판인, 어리 무던하고 주변 없고 말재주 없는, 그저 있는 그대로인 수수하고 구수한 어머니가 나는 더 좋다.

열아홉에 시집 와서 올해 일흔여덟. 그 동안 기억에 남는다는 이사한 곳만도 진천·목천·동대문 안·공평동·홍파동·미근동으로 전전하면서 흉가만 골라서 살아내신 어머니, 집이라고 지녀본 건 내수동과 창동뿐이었댄다.

부산서 논산, 거기서 연지동·삼청동·숭인동·신촌·마포·모래내·금호동·창신동으로 둘째 오빠의 직장을 따라 나불거리면서 세로(世路)를 살아오는 동안 가난에는 익고 인내에는 명이 난 어머니지만, 남편과 아들딸과 헤어진 가슴의 아픔은 그의 핏방울을 시시각각으로 말리고 있다.

"식구도 헤어져 사는데 집이야 대수냐? 그저 아무쪼록 너희나 몸 성하고 바르게 살아서 아버지 아들딸로 떳떳하게만 굴어 주면 되는 거지."

동란 이후 육남매를 데리시고, 시레기죽을 흐려가면서도 남 앞에 눈물 보이지 않고 우리 몇 남매를 대학까지 마치게 하신 것은 오직 어머니의 인내와 의지의 힘이었다. 우습게나마 시집 장가를 보내셔서 지금은 친손에 외손이 서울 있는 것들만도 스물일곱인가 보다.

"아이가 이렇게 부숭부숭하면 집안에 반가운 일이 있다는데……. 이게 복동이겠지."

진방이·진발이, 이새는 진원이·상진이를 쓰다듬으시며 언짢으신 마음을 달래시며 사신다.

어머니가 을미(乙未)생이니 낳으신 때가 바로 19세기의 말. 우리 나란 이미 기운 뒤고, 열세 살 때가 국망(國亡), 결혼한 지

이태 만에 3·1 운동, 이어서 어두움 그리고 먼동이 트이려던 8·15, 다섯 해 만에 6·25, 9·28의 희망, 1·4 후퇴의 기막힘, 휴전회담 때 다시 한 번 헛 기대. 그땐 삼팔 두루마기까지 짓고 속옷 일습까지 빨아 만져두었었다. 그 후 다시 감감. 그래도 가슴에 타는 등불 하나는 심지가 바작바작 타드는 채 아직도 가물거리고 있다.

"얘, 에미 고생? 이까짓 고생이 무슨 고생이냐? 아버지 생각을 하면 에미는 호강이지. 이런 무쪽 같은 것을 며느리라 애지중지하시던 영감마님, 두 마님 생각을 하면……. 그분들도 알음이 있으실 테지. 그 귀한 아드님을 난리에 피신 못 시킨 이 에미가 그저 죄인이지. 너희들을 남의 에미처럼 유학 하나 못 시킨 게 한이구!"

동란 이후 뵈올 때마다 애써 밝은 표정을 지으시려는 어머니의 얼굴에서, 혹은 담에 기대어 하염없이 먼 곳에 눈을 주는 어머니의 뒷모습에서, 어느 아들 딸 며느리와 손녀 손자의 효성이나 재롱으로도 메울 수 없는 텅 빈 공동을 읽을 수 있었다. 부부 사랑의 소중함을 소스라치게 되새길 때가 있었다.

"얘, 아버지 수저가 깨끗하더라. 수저가 깨끗하면 좋다던데!"

반짝반짝하게 닦인 수저가 어머니 저고리 품에 싸여 장 서랍 속에서 역시 임자를 기다리고 있는데…….

딸이 그리는 모상

한 여걸의 이야기

김 동 길

　어머님은 온양(溫陽) 방(方)씨로서 어려서 기독교에 입교하시면서 아명을 버리고 믿음의 뿌리〔信根〕라는 새 이름을 얻으셨다. 어머님의 아버님, 즉 내 외할아버님은 평안남도(平安南道) 맹산 고을에서 학식과 덕망이 두드러진 분이어서 주위의 존경을 받았으며, 일찍이 개화(開化) 사상을 받아 예수교인이 되어 자녀들에게 새로운 종교와 학문에의 길을 열어주셨던 것이다. 맏딸인 어머니를 어린 나이에 맹산서 평양까지 보내 숭현(崇賢)학교에 입학시킨 것을 보면, 완고하던 그 시대에도 구습에 젖지 않고 항상 진보적으로 생각하던 분이었음이 명백하다.
　맹산(孟山)이라고 하면 어감이 확실치 않은 사람들이 적잖을 것이다. 양산도(陽山道)의 1절에 '양덕(陽德) 맹산(孟山) 흐르고 내리는 물에'라는 것이 있는데 바로 그 맹산이 나의 어머님

金東吉(1928~　　) : 전 국회의원·연세대 명예교수.

고향이요, 출생지다. 나는 풍수설을 신봉하지는 않지만 산세(山勢)나 지세(地勢)가 거기 태어나 사는 사람의 성격에 적잖은 영향을 준다는 사실을 부인하지 않는다.

맹산은 물이 좋고 산이 험하기로 이름난 곳이다. 힘차게 뻗어 나간 낭림산맥(狼林山脈)과 묘향산맥(妙香山脈)의 정기(精氣)를 힘입어, 맹산 일대는 깎아세운 듯한 험악한 산들과 그 사이 사이로 맑은 물이 흐르는 무수한 골짜기가 있다. 게다가 나무가 빽빽이 들어차, 호랑이를 위시한 온갖 맹수들이 횡행하는 무서운 산골이다.

음력으로 갑진(甲辰)년 12월 17일, 그러나 양력으로는 그 이듬해인 1905년 1월 22일 —— 우리 어머니는 행복한 집안의 행복한 딸로 태어나셨다. 외할아버지 밑에서 글공부를 하시다가 평양에 있던 숭현학교에 얼마 다니셨으나 가세가 기울어져 학업을 더 계속할 수 없어 고향에 돌아와 집안일을 돌보시다가, 같은 맹산 원남면(元南面)에 사는 김병두(金丙斗)라는 젊은이와 정혼하여 식을 올리니 1919년 만세사건 직후였다.

선을 보고 돌아오신 우리 외할아버지가 사위될 사람을 평하여, 일인지하(一人之下)에 만인지상(萬人之上)이 되리라고 극구 칭찬을 하셨다지만, 본시 평남 강서(江西)가 고향이신 우리 아버지는 시골서 자란 사람답지 않게 용모가 세련되셔서, 신식 말을 빌리면 '핸섬'한 분이셨다. 그분은 젊어서 여러 해 원남면의 면장일을 보셨지만 성격이 괴팍하셔서 남의 밑에서 일한 일이 없이 평생을 마치셨다. 바꾸어 말하면, 우리 아버지는 만인의 위에 서신 일도 없었지만 어느 한 사람 밑에도 굽히고 사신 일이 없는 분이었다.

내 누님(지난번 적십자회담이 서울서 열렸을 때, 이산가족 대표로 상당히 감동적인 연설을 해서 좀 유명하게 된 분)과 형님(대동아전쟁 때 일본 군인에 끌려가 목숨을 잃었다)과 나는 다 맹산서 출생하였는데, 우리 어머님은 김 멘당〔面長〕부인으로 시부모님과 거기 관련된 대가족의 시중을 들며 그래도 단란한 생활을 하셨던 것이다.

우리 집안의 풍랑은 아버지가 면장일을 그만두고 광산(鑛山)에 손을 대면서부터 시작된 것이다. 그렇게 되신 동기가 무엇이었는지는 모르지만 좌우간 있는 재산을 다 팔아 밑 빠진 항아리에 물을 붓듯 광산에 쏟으니, 시골 재산이 많았던들 얼마나 번번이 실패만 거듭하는 광산이라는 투기(投機)를 지탱할 수 있었겠는가?

이 몰락의 뒤안길에서 어머님은 우리들의 교육을 걱정하게 되셨고, 그 한 가지 목적 때문에 우리들을 이끌고 평양으로 나와 셋집 단칸방 하나를 얻어 눈물겨운 새출발을 하시게 된 것이다. 의지할 사람도 없는 평양 거리에 가진 것도 없이 우리들 어린것들의 손목을 잡고 석양을 바라보며 한숨지었을 어머님의 모습을 생각할 때 저절로 눈물이 흐른다.

30 안팎의 이 젊은 여성의 자존심은 얼마나 상했으며, 자식들을 굶기지나 않을까 하는 걱정인들 오죽하였을까. 시골과는 비교도 안되게 화려한 평양 거리를 지나가면서 먹을 것을 사달라고 조르는 우리들을 바라보며 얼마나 가슴이 아프고 앞이 캄캄하셨을까?

아버지에게서는 소식도 없고, 돈도 오지 않았다. 평양 기차정거장에 기적 소리가 울릴 때마다 혹시나 하고 바라던 기대는 번

번이 꺾이고, 기나긴 겨울밤을 홀로 앉아 삯바느질을 하시며 애타게 기다리셨을 어머니를 생각하고 나는 아버지를 용서하지 못했다. 나는 어려서 아버지와 손을 잡고 길을 걷는 것이 소원이었지만 나는 우리 어머니를 그렇게 고생시킨 아버지를 마음속으로는 한 번도 용서하지 못 하였다.

이런 말 못할 역경(逆境) 속에서도 어머님은 하나의 투철한 신념을 지니고 계셨다. 그것은 '하늘이 무너져도 솟아날 구멍이 있다'는 것이요, 하느님께서는 그의 자녀들을 절대로 버리지 않는다는 것이다. 어머님은 의연한 자세로 역경의 탁류를 헤쳐나가시면서 맹산 호랑이의 활달한 기상을 발휘하셨다. 그래서 오늘날의 우리 남매가 있는 것이다.

우리 어머니처럼 교육을 중요시하는 구시대의 여성도 드물 것이다. 그래서 셋집을 얻어도 대개 교회나 학교가 가까운 곳으로 하였다. 우리는 다 장대현(章臺峴)교회라는 큰 장로교 예배당에 다녔고, 주일학교나 하계 성경학교에도 빠지지 않고 나가게 되었다. 내 형님과 나는 보통학교(초등학교)에 들어갔고, 내 누님은 여학교에 들어갔는데 그때만 해도 딸을 여학교에까지 보내는 데 대한 주위의 편견과 비방은 이만저만이 아니었다. 특히 우리처럼 가난한 처지에 여학교가 다 뭐냐고 빈정대는 사람들도 많았다. 공장에 보내서 한푼이라도 벌어 살림에 보태는 것이 옳다는 의견도 있었고, 평양의 유명한 기생(妓生)학교가 있는데 거기 보내면 먹고 사는 데는 고생이 없지 않겠느냐고 동정삼아 권하는 이들도 없지 않았다.

그래도 우리 어머님 생각은 그렇지 않았다. 공장에 보내거나 기생을 만드는 것이 당장에는 좋은 것 같지만 딸의 장래를 생각하면 절대로 그럴 수가 없으니, 비록 지금은 고생스럽지만 공부를 시켜야겠다고 고집을 부리면서 여학교의 시험을 치르게 하였다. 돈이 어디에 있어서 학교에 보내겠느냐고 시비하는 사람들에게, '누구는 돈을 쌓아놓고 공부시키나요?' 하고 대꾸하시면서 조금도 굽히는 기색이 없었다.

그런데 그때 누가 옳게 보고, 바르게 판단했는지를 가려내기는 결코 어렵지 않았다. 해방 후 월남(越南)하고 보니까 그때 딸을 기생 만들어 집도 사고 논도 사고 한동안 잘살던 사람들은 여지없이 몰락하여 서울 거리를 방황하면서 어쩌다 우리 어머니를 만나서 탄식하며 하는 말이 아무개 어머니는 앞을 내다보기 때문에 딸을 공부시켰고, 자기는 앞일을 생각 못 하고 딸을 권번(券番)에 보냈다가 이 꼴이 되었다고 하였으니, 하느님의 심판이 그리 장구한 시일을 요하는 것도 아닌 모양이다.

내 누님은 서문고녀(西門高女)를 마치고 이화여전(梨花女專)에 진학하였고, 나는 만수대(萬壽臺)에 있는 평이중(平二中)에 들어가 제법 으스댈 수 있었으나 내 형님은 음악·미술·체육 등에는 취미가 많고 재간도 풍부했으나 학과 공부는 늘 시원치가 못해 서울 삼촌댁에 가서 중학에 다녔고, 그 사실이 어머니에게는 여간 섭섭한 일이 아니었다. 그 큰아들은 마침내 해방을 몇 달 앞두고 일본 군대에 잡혀가 소만(蘇滿) 국경에서 한(恨) 많은 젊은 생을 끝내고 말았으니 그런 일을 당한 어머님의 마음이 얼마나 괴로웠겠는가. 그래서 심장병이 생기고 건강도 그때부터 쇠약하기 시작하여 고생을 많이 하시는 것이라고 나는 짐작한다.

우리 어머님은 교육에 남달리 큰 관심을 가지고 계시지만 한 번도 우리에게 공부하라고 독촉하시거나 강요하신 일은 없다. 알아서 하라고 우리에게 전적으로 맡기는 자유방임주의의 원칙을 고수하여 오셨다. 그리고 언제나 학교 성적이 우수한 것을 좋아하시지 1등이나 2등 같은 석차를 가지고 다투는 사람이 되지 말라고 하셨다. 성적이 우수하고 편협한 사람이 되지 말고, 성적은 평범해도 여유 있는 사람이 되라는 가르침인 것이다. 이 사실은 요새 젊은 어머니들에게 적잖은 교훈이 되리라고 믿는다. 자녀들의 성적을 올리려고 안간힘을 다 쓰는 어머니는 사실 교육의 본질을 옳게 파악하고 있지 못하기 때문에 그런 어리석은 행동을 취하게 된다. 그것은 어머니들 자신의 허영이지 결코 자녀의 행복을 위하는 길은 아니니 되도록 자녀들에게 믿고 맡기는 것이 오히려 현명하고 또 더 좋은 열매를 맺을 수 있는 교육의 길이 될 것이다.

　우리 어머니는 자녀들의 교육을 위해 삯바느질로부터 염색한 양말 꿰매는 일에 이르기까지, 학생 하숙으로부터 떡장사에 이르기까지 안 해보신 궂은일이 없을 정도로 신산고초(辛酸苦楚)를 다 겪으셨다. 좌우간 평양에 이사간 후 처음 1년 동안에 셋집을 열네 번 바꾸어야 했고, 그 다음에야 비로소 기림리(箕林里)에 조그나한 집을 한 채 살 수 있었으니, 그 식구를 다 거느리고 이삿짐을 옮길 때마다 얼마나 힘이 들고 피로우셨겠는가!

　그런 어려움 속에서도 어머님은 한 번도 누구를 원망하거나 짜증을 내시거나 하신 일이 없고, 언제나 웃는 낯, 명랑한 표정으로 우리들을 대하고 남을 대하여 주셨다. 근자에는 건강이 참 좋지 못 하셔서 늘 병원 출입을 하시지만, 의사들도 어머님께서 괴로우신지 편안하신지 분간하기 어려울 정도로 남을 웃기고 자신의 아픔을 감추신다. 근년에는 당뇨병 때문에 무척 수척해지셨는데, 살이 많이 빠지신 사실을 두고,

"요새 젊은 여자들이 날씬하기를 바라는데, 나도 날씬해서 기분이 좋다"

고 하신다. 또,

"내가 심장이 약한데 몸이 부하면 얼마나 고생스럽겠니, 이게 다 하느님의 은혜라, 감사할 뿐이다"

라고 오히려 기뻐하신다. 우울하고 나쁜 면을 보지 않고 명랑하고 좋은 면을 보고자 노력하시기 때문에 어머님 옆에 있는 것은 언제나 즐겁고 기분 좋다.

재담(才談)과 유머는 종횡무진, 그 강한 기억력에 한 번 들은 이야기는 잊어버리시는 일이 없는 모양이다. 일가 친척뿐 아니라 사돈의 팔촌, 동네 어른 아이에 이르기까지 생년월일은 차곡차곡 다 그 머릿속에 정리되어 있어서 마치 카드를 끄집어내듯이 정확하고 틀림이 없다. 신·구약 성서의 여기저기를 줄줄 외시고 한번 입을 열어 기도를 하시면 그야말로 청산유수, 목사·전도사가 무색할 지경이다.

나는 몇 해 전, 어머님께서 신촌의 대현교회(大峴敎會)에서 권사(勸師) 취임식을 하는 데 참석했다가 거기서 답사하시는 것을 듣고 돌아와 내 누님에게,

"우리 남매가 말마디나 하는 사람으로 알려져 있지만 어머님의 언변에는 비교도 안 되겠다"

고 하면서 웃은 일이 있지만 그 태도·억양·음성 등등이 하도 훌륭해서 나도 감탄하지 아니할 수 없었다. 역경을 뚫고 승리한

사람의 태연자약한 모습을 엿볼 수 있었다.

  낙천가이신 우리 어머님은 한 번도 우리를 굶기지 않으셨을 뿐 아니라 궁색한 느낌도 안 주셨으므로 우리가 학교 다닐 때 월사금(月謝金)을 제때에 내지 못해도 우리가 가난해서 그렇다고 생각하는 동무가 없었다. 우리 어머님은 불가피적으로 외상(外上)의 명수(名手)가 되어 자녀가 체면을 지키도록 배려하신 것 같다. 우리가 현재 30억불의 외채(外債)를 걸머지고 있다고 걱정하는 사람들이 많지만 만일 우리 어머니가 대통령이 되셨다면 외채가 30억 불이 아니라 300억 불은 되었으리라. 이 많은 가난한 사람들을 살리기 위하여는 300 억의 외상도 사양하지 않을 어머님이시니까.

  영국의 시인 브라우닝의 시에,

  "하느님은 하늘에 계시오니, 인생 만사가 그릇됨이 없어라 (God's in His heaven, All's right with the world!)"라는 말이 있는데, 우리 어머님은 하느님에 대한 굳은 신념을 가지시고 세상 살림을 즐겁게, 보람 있게 사시는 것 같다.

  9년 흉년이 들어도 걱정이 없다는 이야기도 우리 어머님에게서 들은 이야기다. 옛날 어떤 사람이 9년 동안이나 흉년이 들어도 자기는 걱정이 없다고 하니까 다른 사람들이 그 비결을 물었다는 것이다. 이 사람이 태연하게 대답하기를 "9년 흉년이 들면 나는 첫해에 굶어죽고 말겠네" 하니 말인즉 바른말이요, 의미심장한 말이다. 공연히 사람들이 다가오지도 않은 역경을 예상하고 전전긍긍하는데, 그러지 말고 사는 날까지는 기쁘고 명랑하게 살자는 뜻이다.

  언젠가 어머님께 무엇을 대접하려고 하니 근래에 식성(食性)

이 까다로워 그것을 드실 수가 없다고 하시면서 들려주신 이야기가 '애비가 애비 같아야 효도(孝道)를 하지' 하는 것이다. 옛날 앞뒷집에 아들이 하나씩 있는데 앞집 아들은 효자라는 소문이 났고, 불행히도 뒷집 아들은 불효라는 소문이 났다. 불효자식이 늘 자기 아버지에게 꾸중 듣기를, 너는 왜 앞집의 아무개처럼 효도를 못 하느냐 하니, 하루는 곰곰이 생각한 나머지 앞집에 가서 그 집 아들이 효도를 어떤 방법으로 하는지 배우고자 하였다. 그래서 하룻밤을 같이 있으면서 보니까 겨울인데 새벽녘에 아들이 먼저 일어나 아버지 저고리를 입고 앉아 따뜻하게 하였다가 자기 아버지가 일어나는 즉시로 입혀드리니, 그 아버지가 자기 아들을 효자라고 칭찬하더라는 것이다. 그것을 본 뒷집 아들은 그 다음날 새벽 일찍 일어나 아버지 저고리를 입고 있었다는 것이다. 그 집의 아버지가 일어나면서 저고리를 찾으니, 대기했던 아들이 "아버지, 저고리 여기 있습니다" 하고 대답하였다. 그랬더니 칭찬은커녕 잔등이를 후려갈기면서, "이 자식이 이제는 애비 저고리까지 입는구나" 하니, 그 아들이 벌떡 일어나서 하는 말, "애비가 애비 같아야 효도를 하지!"

아마 요새 서구식 민주주의는 벗어버려야겠다는 사람들의 심정이 이와 비슷한 것이나 아닌지?

우리 어머님의 웃기는 이야기는 끝이 없다. 그 중에서도 가장 지독한 것이 '이 자식이 죽었나, 살았나' 하는 것이다.

아버지 병환이 위독하여 집안 식구들이 다 한자리에 모였는데, 마지막 약방문으로 청심환(淸心丸)을 사다가 한 번 대접하기로 하고 그 집 작은아들을 약국에 보내고 맏형은 운명이 가까운 아버지의 얼굴만을 뚫어지게 보고 있었다. 그런데 예정한 시간에도 돌아오지 않고 병세는 점점 악화가 되니 큰아들은 눈으로는 아버지의 얼굴을 계속 지켜보고 내심에는 심부름간 동생을 원망하며 "이 자식이 죽었나, 살았나" 하니 둘러앉은 문중이 깜짝 놀랄 수밖에.

이렇게 재미있는 이야기가 우리 어머님 입에서는 샘솟듯 솟아난다. 어머님께서는, 성경 말씀에 '내일 일을 위하여 염려하지 마라. 내일 일은 내일 염려할 것이요, 한낱 괴로움은 그날에 족하니라' 하신 것을 문자 그대로 믿으시는 것 같다. 즐겨 하시는 이야기 중에 이런 것이 있다.

어느 농가의 소가 새끼를 가졌는데 그 집의 어린 아들이 "아버지, 소가 새끼 나면 나 소 새끼 탈 테야" 하니 아버지가 "안 된다. 소허리 부러진다"고 거절하였다. 아들이 계속 "그래도 탈 테야" 하니 아버지는 계속 "안 된다." 그러다가 하도 아들이 말을 안 듣고 타겠다고 조르니까 그 아버지는 채찍을 들어 어린 아들을 때리니, 울고불고 집안에 야단법석이 났다.

소는 아직 새끼를 낳지도 않았는데 소 새끼 타면 허리 부러진다고 때리는 아버지가 얼마나 못났느냐 하는 말씀이다. 우리 주변에는 그런 사람들이 너무나 많고 소위 지도자라고 자처하는 사람들도 기우병(杞憂病)에 걸린 사람이 적잖다. 쓸데없는 걱정으로 안다깝게 세월을 보내는 사람들에게는 참 좋은 충고가 되리라고 믿는다.

그러나 진정한 낙천·낙관의 철학은 건실한 신앙의 바탕이 없이는 불가능할 것이다. 우리 어머님은 어려서부터 기독교적 신앙생활로 일관하셨고, 단 한 번도 곁길을 가신 일이 없다. 기도와 찬송, 성경 읽기와 교회 섬기기가 우리 어머님 생활의 주축(主軸)을 이루고 있다. 그래서 남을 사랑하고, 반대하는 사람일지라도 포섭하는 아량을 가지신 것이다. '미운 놈 떡 한 개 더 주라'는 속담을 어머님은 실생활 속에서 언제나 실천하고 계시다. 아들이나 딸을 악평하는 사람들을 어머님은 가까이 불러 다정하게 하시며 꾸짖지 않고 오히려 어루만져주신다. 오늘날 나라의 일꾼들이 '미운 놈 떡 한 개 더 주라'는 속담의 정신으로라도 움직이면 허다한 어려운 문제가 저절로 해소되리라고 나는 믿는다.

바로 살고자 하는 의욕과 노력만 있다면 인생은 무한히 즐겁고 보람 있는 것이다. 나는 이 진리를 우리 어머님한테 배웠다고 자부한다.

나는 마음으로는 불효자가 아니지만 남이 보기에는 불효막심할 것이다. 외아들의 책임을 외면하고 아직 독신으로 있는 것이 가장 큰 불효라고 한다. 그래도 내가 어머니를 생각하는 마음이 어떠하다는 것은 이 세상에 아무도 다 이해하지 못할 정도이다. 1950년대에 처음 어머님 곁을 떠나 미국서 공부하던 시절에도 길모퉁이를 돌아서다가 문득 어머님의 심장이 약한 사실이 생각나면 가슴이 덜컥 하곤 하였다. 40을 바라보며 재차 미국 유학의 길을 떠나면서도 어머님을 다시 뵙지 못 할 것 같아 뒤를 돌아보지 못하고 비행기에 올랐고 속절없이 흐르는 눈물을 막을 길이 없었다. 보스턴을 흐르는 찰스 강변을 거닐며 생각은 항상 어머님 곁을 맴돌고 있었고, 하숙집 창 밖에 새들이 요란하게 우짖는 아침에는 무슨 불길한 예감이 들어 어쩐지 마음이 불안한 때가 한두 번이 아니었다. 부모가 된다는 것도 피가 나도록 괴로운 일이겠으나, 자식이 된다는 것도 또한 괴로운 일이라는 생각을 여러 번 해보았다.

어머님은 그래도 건강을 잘 유지하셨다가 내가 공부를 끝내고 돌아오는 것을 마중하시려고 도쿄까지 와 주셨다. 오쿠라 호텔에 모시고 2, 3일 유숙하면서 하코네에 여행한 그 때가 아마 어머님과 나의 생에 있어서는 가장 즐거운 추억인지도 모른다. 실로 반세기의 기나긴 고생 끝에 조그마한 영광을 누리신 셈이다.

어머님은 내게다 어떤 기대를 걸고 나를 키우신 것만은 사실이다. 나는 어려서 대단히 억지가 심했는데 돌이 좀 지났을 땐가 밤에 자다가 물을 먹겠다기에 한 대접 떠다 주었더니 그 물을 좀 마시고 나서는 그 대접의 물을 깔고 자던 요 위에 쏟겠다는 것이다. 안된다고 빼앗아 가니 하도 울고 야단을 해서 도로 갖다 주었는데, 그 한 대접의 물을 요 위에 주르르 다 쏟고 나서야 히히 하고 웃으면서 새 요에서 잘 자더라고 하시며, 그때 그런 엄청난 억지를 받아준 까닭은 어머님께서 내가 이 다음에 커서 아무에게도 기(氣)가 꺾이지 않게 하기 위해서였다고 하셨다. 나는 그 일을 늘 고맙게 생각하며, 그래서인지 나는 아직까지 아무에게도 비굴하게 굽힌 일은 없었고, 앞으로도 굽히지는 않으리라고 늘 결심을 새롭게 하고 있다.

어머님은 원래 대범하신 분이라 나더러 장가들라고 성화하시는 일도 없고, 내가 자유니 민주주의니 하는 것 때문에 당국에 불려가 몇 날 밤 돌아오지 않아도 걱정하시는 기색이 없고, 오히려 위문온 이들을 격려하여 돌려보내신다고 한다. 돌아오지 않는 아들을 문 열어놓고 기나긴 밤 기다리는 어머님의 심정이 괴로울 것은 더 말할 나위도 없지만, 그런 내색을 아니하시고, '사람은 자기의 소신대로 살아야 한다'는 평소의 신념으로 일관하신다. 얼마나 장한 어머니냐!

메이지(明治)시대의 일본 시인 이시카와 다쿠보쿠(石川啄木)가, '장난삼아 어머님을 등에 업고서, 하도 가벼우심에 눈물이 흘러 세 걸음도 못 옮기고 말았네'라고 읊었는데, 우리 어머님은 당뇨병·심장병·신장(腎臟)병 등등이 겹치고 겹쳐서 젊어서 보기 좋던 그 체구가 이제는 가랑잎처럼 깡깡 마르셨다. 가끔 어머님의 여윈 두 손을 붙잡고 그 수척하신 얼굴에 내 얼굴을 비비며 익살을 부리는 내 마음의 깊은 곳에는 언제나 눈물이 흐르고 있다.

살아야 할 때 죽는 것이 죄(罪)라면, 죽어야 할 때 사는 것도 죄라고 나는 믿는다. 사람은 누구나 죽음의 자리를 올바르게 찾아 용감하게 목숨을 버릴 때 비로소 그 삶이 빛이 나는 것이다. 그런데 어머님이 살아 계신 동안에는 나는 마음대로 목숨을 버릴 수도 없다. 여생이 얼마 남지도 않았을 칠십 노모의 가슴에 견디지 못할 아픔을 드릴 수는 없지 않은가.

나에게 믿음과 소망과 사랑을 가르치신 우리 어머님의 평범하고도 위대한 생이 이 땅의 젊은 여성들에게 조금이라도 교훈이 되고, 격려가 되기를 기도하는 마음으로 이 붓을 놓는다.

한국의 설리번

김기창

　남들은 새해를 맞을 설레임 속에 분주한 그믐 때쯤 되면 나는 반벙어리 불구자식 때문에 눈도 제대로 못 감고 돌아가신 어머님 사진 앞에서 벌써 40년째 눈물로 보낸다.
　사진 속의 나의 어머님은 서른 전의 멋쟁이신 여성 그대로인데, 그 앞에 꿇어앉아 그리움에 젖은 아들은 이제 반백의 환갑의 나이. 여지껏 누가 뭐래도 나의 어머님 제사는 온갖 정성과 성의 속에서 모셔왔다.
　내 어머님의 짧은 생애는 말을 못 알아듣는 불구자식의 장래 걱정으로 꽉 차 있었고, 그분은 나 하나를 가꾸고 키우고 가르치기 위해 태어나신 분이었다.
　이 충무공께서 백의종군(白衣從軍) 중에 어머님의 부고를 받았지만 마지막 임종을 뵙지 못했다. 후일 그의 일기에 그 슬픔

金基昶(1913~2001) : 동양화가. 홍익대 교수 역임.

을 이렇게 썼다고 한다. '나라에 충성을 바치느라 했으나 죄가 이미 이르렀고, 어머님께 효(孝)하고자 하나 어머님은 이미 가셨다'고.

나의 어머님은 내 나이 열아홉에 돌아가셨다. 어머니의 은공을 느끼기엔 너무나 어린 나이였다.

자식을 낳고 부모 노릇을 해가면서 더욱 절실히 느껴지는 어머님에의 고마움, 나는 어머님께 아들 노릇 한번 제대로 못 한 것이 제일 큰 한(恨)이다. 이 세상에 안 계신 분을, 아무리 제사로 극진히 모신들 무슨 소용이 있을까. 누구에게나 어머님의 사랑은 넓고 깊다지만 나의 어머님은 맹목적인 사랑만이 아닌 이지(理智)와 현명으로 오늘의 나로 이끌어준 내 생(生)의 은공자다. 대부분 완고와 무지의 뿌리가 박힌 60여 년 전의 우리 나라 가정에서 한낱 귀머거리 사내아이 하나쯤 덤으로 키우기 예사였다.

누가 주렁주렁 연년생 8남매를 제쳐놓고 병신 자식 하나에 매달려 손짓 발짓 글을 가르쳤고, 장래를 걱정하여 그림 공부를 시켰을까.

나는 이 글을 쓰면서, 내 나이 또래의 구식 사람들보다 비교적 한글 맞춤법이 정확한 것도 나의 어머님의 피눈물나는 노력의 대가임을 새삼 뼈아프게 느낀다.

나의 어머님〔韓潤明〕은 1894년 10월 14일 한성부 주사(漢城府主事)요, 광산주였던 나의 외할아버지 한진성(韓鎭成)씨와 외할머니 이정진(李貞鎭) 사이의 5남매 가운데 장녀로 태어났다. 그러니까 살아계신다면 올해 79세.

지금 중앙청 뒤 적선동 종교예배당 못 미처의 꽤 큰 저택에서 어머님은 여러 하인들의 시중 속에서 너무나 곱게 자랐다. 그러나 남부러울 것 없이 잘살던 것도 잠시, 어머님이 열세 살 되던 해에 외할아버지께서는 30이란 너무나 젊은 나이에 돌연히 세상을 뜨셨다.

구중궁궐 같은 깊숙한 안채에서 바깥세상을 전혀 모르고 살던 외할머니와 어머니 그리고 나이 어린 외삼촌(5남매 중 셋은 어려서 이미 죽었다), 이렇게 셋만 달랑 남게 되었다.

거기다 글 한자 모르는 외할머니는 진천(鎭川), 음성(陰城), 청주(淸州), 수원, 일산 등지의 금광에서 캐낸 금덩어리가 얼마나 되고 논, 밭, 산의 부동산이 어디에 얼마나 있는지조차 몰라 그 답답함이 컸던 모양이다. 방 안에 앉아 그대로 남의 손으로 넘어가는 것을 보다못해 외할머니는 억세기로 소문난 황해도 연백 출신답게 아홉 폭 치마를 걷어붙이고 나섰다. 그러나 무식한 아녀자의 힘으로 살벌한 광산을 관리한다는 일은 무리였다. 이때 외할머니께서는 여자도 배워야 한다는 것을 절실히 깨달으셨던 것 같다.

그래서 그 당시만 하더라도 선생님들이 각 가정을 방문하면서 학생들을 간곡히 모집하던 때였음에도 불구하고 외할머니께서는 딸의 손목을 집고 진명여학교엘 직접 찾아가셨다고 한다.

머리를 길게 땋아 늘인 나의 어머님은 적선동에서 효자동을 걸어다니며 신학문에 눈을 뜨셨다.

그때 어머님과 한학교 친구였던 춘원 이광수씨의 부인 허영숙(許英肅) 여사는 나의 어머님이 다재다능한 데다 재색까지 겸비해 학생들 사이에 동성연애 상대자로 인기가 높았다고 내게 들려준 적이 있다. 그러나 옛말에 가인박명(佳人薄命)이란 말은 어머님을 두고 한 말인 것 같다.

어렵게 공부한 신학문을 가슴 깊이 간직한 채 마흔도 못 살고 가시다니…….

어머니는 제1회 진명여학교 졸업생이 되어, 까막눈의 외할머니에겐 더없이 든든한 왼팔 노릇을 했다.

그러나 산재해 있는 토지들과 광산의 관리는 쉬운 일이 아니었다. 외할머니는 열아홉 살 꽃 같은 나이의 과년한 딸을 걱정하던 끝에 집안도 너무 호젓하던 김에 데릴사위를 맞을 결심을 했다.

팔방으로 적당한 사윗감을 물색하던 차 총독부 토지조사위원회 서기이며, 토지측량기사인 김승환(金承煥)씨가 나의 아버지가 되었다. 거기다 아버지는 둘째 아들에 어머님보다 여섯 살 위여서 외할머니의 데릴사위로서는 나무랄 데가 없었다.

나의 아버지는 늘씬한 키에 구레나룻까지 기른 멋쟁이지만 어느 데릴사위나 마찬가지의 그리 덕망 높은 남자는 못 되었던 것 같다. 아버지는 사업을 한답시고 광산과 토지를 모두 날려버리고 말았다.

그때의 부부들이 다 그러했듯 나의 어머니도 남편의 살뜰한 정을 모르고 연이은 8남매의 산고(産苦) 속에서 보냈다. 바닥난 집안에 남편마저 놀고 있는 형편이라 나의 어머님은 아이 다섯을 외할머님께 맡겨두고, 장남인 나를 데리고 개성에 있는 정화여학교 선생 노릇을 했다. 요즘같이 개방된 사회에서도 아이 엄마의 직장 생활의 어려움이 크거늘, 한 아이도 아니고 줄줄이 딸린 자식들을 두고, 더구나 객지에서 하숙생활을 했을 때 젊은 엄마의 마음은 오죽 아팠을까.

내가 처음 이 세상에 태어났을 때 온 집안의 기쁨은 말할 수 없이 컸다고 한다.

특히 아들(외삼촌) 하나뿐이었던 외할머니로서는 첫손자에 대한 기대가 남달리 컸다. 다행히도 주위의 귀염을 받을 만큼 총명하였는지 만 4세 때 글방에 들어가 머리 큰 아이들 틈에 끼여 《천자문》을 제법 외워댔다. 이때 기억해뒀던 《천자문》이 내 생애에 그처럼 커다란 도움이 될 줄을 누가 꿈엔들 생각이나 했을까.

일곱 살 되던 해 나는 어머니의 손목을 잡고 승동보통학교에 입학을 했다. 나도 내 첫아이를 처음 학교에 보냈을 때 그 찌릿한 감회가 지금까지 생생한 것을 보면, 젊은 나의 어머니의 기쁨도 오죽했을까 싶다. 새로 양복을 사주고 어린 나보다도 더 흐뭇해하던 모습을 잊을 수가 없다.

그런데 나는 입학을 하고 나서 단 하루도 공부를 해보지 못하고 장질부사에 걸려 눕고 말았다. 지금이야 약이 좋아 장질부사쯤 아무것도 아닐지 모르지만 그땐 죽는 사람이 더 많았다. 학교에 못 가게 된 실망보다도, 어쩌면 죽을지도 모르는 아들의 머리맡에서 나의 어머니는 1년 동안을 다리 한 번 못 펴보고 지내셨다.

어머니의 지성으로 병세가 나아지려 할 때 외할머니께서는 허약해진 나에게 기운을 북돋게 하려고 인삼을 달여 먹였다. 이 인삼이 사랑하는 외손자를 불구로 만들 줄 누가 알았으랴. 나는 인삼과 상극의 체질이었던 것이다. 인삼을 달여 먹자 기름에 불씨를 당긴 듯 나는 갑자기 고열로 쓰러졌다. 얼마 동안을 생과

사에서 헤매다 희미하게 의식을 찾았을 땐 이미 나의 청신경(聽神經)은 완전히 마비되어 버린 후였다. 소리소리 질러도 알아듣지 못하고 멀뚱히 쳐다만 보는 아들의 얼굴을 보고 어머니는 까무러칠 듯 놀랐다.

나는 지금도 부모의 무지로 나를 병신으로 만든 원망보다, 그때 어머니의 마음이 얼마나 아팠을까를 더 뼈아프게 느낀다.

천 갈래 만 갈래 찢어질 듯 아픈 자책과 연민의 정은 어머니로 하여금 용하다는 의사만 있으면 전국 어디든 멀다 않고 나를 업고 치료비도 아까운 줄 모르고 돌아다니게 했다.

설상가상, 거듭 실패만 하는 아버지의 사업 때문에 외할머니의 재산은 모두 거덜이 나고 말았다. 어머니는 개성의 정화여학교에 취직되었을 때 어린 동생들을 마다하고, 남 앞에 떳떳이 내세울 수도 없다는 귀머거리인 나만을 데리고 갔다. 정화여학교 김정혜 교장 선생님은 불구자식 때문에 하루도 밝은 생활이 없는 어머님이 딱했던지, 미국 유학의 길을 열어주셨지만 어머님은 선뜻 나서지를 못 했다. 아버지의 완강한 반대도 있었지만, 귀머거리 어린 아들을 떼어놓고 차마 먼 이국으로 혼자 떠날 수가 없었던 것이다.

결국 개성에서 3년쯤 교편 생활로 보내고 아버지의 성화로 서울에 오고 말았다. 정화학교를 떠나던 날 많은 여학생들은 어머님을 붙잡고 울면서 못 가게 했다. 어머니의 눈에도 눈물이 듬뿍 고인 채 정든 학생들과 교정을 둘러보며 나의 등을 두드려 서울길을 재촉했다.

어머님은 곧 태화여자관(泰和女子館)에 직장을 구해 나가다가 세브란스 병원 치과실의 미국인 부스 박사 밑에서 일하게 됐다. 새벽 일찍 일어나 일곱 아이들의 뒤치다꺼리를 일일이 외할머니한테 일러놓고, 아침을 드는 둥 마는 둥 서둘러 출근을 하면 저녁 느지막이 피곤한 모습으로 돌아오곤 하던 어머니였다. 연약한 어머니 한 분의 힘으로 우리 집안 생활이 유지되어 왔고 많은 형제들의 학비마저 도맡아왔다. 어머님은 한집안의 기둥인 가장이었으며, 일곱 아이들의 어머니 노릇까지 해야 했다. 이런 힘겨운 생활 속에서도 어머님은 언제나 일요일이면 나를 데리고 수표교에 있는 예배당엘 나갔다.

철부지를 옆에 앉혀놓고 그처럼 열심히 기도를 드리던 어머님의 모습, 어머님의 그 간절한 기도의 한마디 한마디는 모두가 나를 위한 것이었으리라. 예배가 끝나면 나는 아래층 걸상에 앉아서 합창 연습을 하는 어머니를 기다리곤 했다.

내가 열한 살 되던 어느 날이었다. 어머님이 출근을 안 하셨던 것으로 보아 아마 휴일이었던 것 같다.

어머님은 깊은 생각에 잠겨 있다가 느닷없이 나에게 동생의 《조선어독본》을 가져오라고 하셨다. 그러고는 그 독본을 한 장 한 장 들추어보라는 것이었다.

알아보지 못 하는 글씨들 틈에 글방에서 배웠던 《천자문》이 뜨문뜨문 눈에 띄었다.

나는 글방에서 〈계몽(啓蒙篇)〉편 통감(通鑑) 1권까지 뗐기 때문에 웬만한 쉬운 한문은 읽을 수 있었다. 낯선 글씨는 언문이었던 것으로 기억한다. 나는 글씨보다 아름다운 그림에 더 눈이 팔려 있었다.

어머님은 나에게 글을 어떻게 가르쳐야 할지 여러모로 궁릴

하다가 책을 주고는 나의 표정을 열심히 관찰했던 것이다.

　어머님은 곧 마음속에 무슨 큰 결심이라도 한 듯 공책과 연필을 꺼내더니 날아가는 새 한 마리를 그리고는 그 위에 '새'라고 쓴 후 나에게 다시 커다란 한문 글씨로 새 조(鳥)자를 가리켰다.

　이를테면 한글을 모르는 나에게 한자를 백분 이용해서 가르쳐보자는 것이었다. 나는 대번에 조(鳥)자 위에 씌어져 있는 새가 날아다니는 새를 뜻한다는 것을 알아차리고 고개를 크게 끄덕였다. 어머니는 빙그레 웃으며 "오! 기창아, 알겠니?" 하는 표정으로 나의 등을 두드려주었다. 나도 덩달아 활짝 웃었다.

　언문과 한문과 그림, 이 세 가지를 연결해서 가르칠 수 있는 것은 그런대로 쉬웠지만 한글의 기본인 가, 나, 다, 라를 귀머거리에게 가르치기란, 배우는 사람도 그렇고 매우 어려운 문제였다. 워낙 가, 나, 다, 라는 입 모습을 따른 소리음인데, 이를 듣지 못하는 아이에게 전달한다는 것은 정말 무리였다. 마치 개나 고양이에게 글을 가르치듯, 무거운 반복의 피눈물나는 노력과 인내로 어머님은 나의 눈을 뜨게 하셨다.

　훈장이 제 자식 더 못 가르친다고 하지만 돌부처와도 같은 나를 앞혀놓고도 어머님은 큰소리 한번 친 적이 없다.

　보지도, 듣지도, 말도 못 하는 헬렌 여사를 가르쳐서 세계적인 학자를 만들어놓은 설리번 여사 못지않게 나의 어머님의 노고는 컸던 것이다. 다만 헬렌 켈러만큼 나는 뛰어나지도, 유명하지도 못한 것이 죄송스러울 뿐이다.

　나의 어머니는 진정한 크리스천이었기 때문에, 교육자로서 남달리 책임감이 강했을 뿐만 아니라 불구아들의 장래를 걱정하여 성한 아이보다 먼저 나를 가르쳤다. 이처럼 현명한 어머님의 판단과 희생이 없었던들 오늘의 나는 어떻게 되었을까. 어머님은 일찍부터 생존 경쟁이 심한 오늘을 점지하여 나의 길을 열어주셨다.

  1925년, 내 나이 12살 때 어머님은 어느 정도 한글을 해득한 나를 데리고 승동보통학교에 다시 데리고 갔다.
  그 당시는 불구 어린이를 위한 특수학교가 따로 없었기 때문에 안면이 좀 있는 교장 선생님께 특별히 부탁을 해서 나는 1학년 반에서 공부를 하게 되었다.
  직장에 나가면서, 적잖은 동생들도 있는데, 나 하나에만 매달릴 수 없기 때문이기도 했겠지만 어머님은 아무래도 집에서 혼자 앉혀놓고 가르치는 것보다는 여러 아이들 속에서 정상적으로 공부를 시키고 싶었던 것 같다. 12살이나 먹은 큰 놈이 7, 8세의 코흘리개 틈에서 그것도 맨 앞줄에 앉아 알아듣지도 못하던 나는 아이들의 놀림감이었다. 담임 선생도 귀먹은 나를 어떻게 지도해야 좋을지 몰라서 모른 체 그냥 놔두고 정상적인 아이들 중심으로 수업을 이끌어갔다. 나는 지루한 것을 메우느라고 빈 공책에다 교과서 안의 그림을 흉내내 그렸다. 한 권의 공책이 꽉 차도록 정신없이 그려댔다.
  어머님은 담임 선생님한테 나의 이야기를 듣고 무언가 깨달음이 있으셨는지 학교에서 돌아오는 나를 앉혀 놓고 그림과 한문 그리고 한글 이렇게 셋을 연결시키는 교육법으로 더욱 철저히 가르쳤다.
  학교에서는 재미나게 그림만 그리고 집에 와서는 어머니한테 글을 배우는 이상한 교육법을 계속했다.

어머님의 무서운 집념으로 나는 일어(日語)뿐만 아니라 산수도 깨우쳤다.

3학년 때부터는 평상 아이들과 똑같이 책을 읽어나갈 수 있었다.

내게 제일 즐거웠던 것은 조선어 작문시간이었다. 각자 자유로이 작문을 지으라고 하면 나는 어머님 이야기며 동생, 할머니와의 일어났던 일들을 재미있게 써나갔다. 여러 아이들이 지어낸 작문 중에서 잘된 것을 골라 선생님이 직접 읽어주곤 했는데 그때마다 나의 작문이 뽑혔다.

어머님은 내가 작문에 소질이 있다는 얘길 들으셨던 모양이다. 어느 날 집에 들어서기가 바쁘게 큰소리로 내 이름을 부르며 조그마한 선물꾸러미를 내밀었다. 표지에 호랑이가 그려져 있고 '어린이'란 붉은 글씨로 된 예쁜 잡지책이었다. 그 안에는 교과서에서 볼 수 없었던 재미난 옛날 얘기며, 동화 등이 가득 채워져 저녁밥 먹는 것도 잊고 정신없이 읽고 또 읽었다.

이토록 이야기책을 좋아하는 나를 위해 어머님은 퇴근길이면 책방에 들러 《별나라》《소년세계》《세계명작소설》《이솝이야기》 등을 계속 사다주었다. 나는 밤이 새는 것도 모르고 책에 홀딱 빠져버렸다. 나의 독서로 어머님과 나는 의사소통이 훨씬 수월해졌고 나의 작문 실력도 나날이 늘어갔다.

이렇게 해서 나는 승동보통학교를 무사히 졸업하게 되었다. 어머님의 감회는 남달리 컸으면서도 나의 장래에 대한 걱정은 더욱 깊어만 갔다. 중학교에 진학을 시킬 것인가, 아니면 나의 소질을 살려 미술공부를 시켜야 할까로 어머님은 고민을 하다가 예능 교육의 길을 택했다. 이때 어머님의 현명한 판단을 나는 지금도 가슴 깊이 고맙게 생각한다.

이렇게 나의 갈 길을 정한 어머님은 그 다음 나를 맡아 가르칠 훌륭한 그림 선생님을 찾아다녔다.

올바른 사람을 만들기 위해서는 훌륭한 스승 밑에서 자라야 한다는 것이 어머님의 뜻이었기 때문에, 심사숙고 끝에 이당(以堂) 김은호(金殷鎬) 선생님께 나를 맡겼다.

기꺼이 받아준 김은호 선생님은 친절하면서도 엄격하게 지도를 해주었다. 수개월이 지나자 김 선생님은 나에게 미술 소질이 있다는 것을 발견했는지 생전 처음 커다란 화선지에다 그림을 그리라고 했다. 그 그림이 조선미술전람회에 입선이 되었을 때 누구보다도 기뻐한 사람은 나의 어머니였다. 남에게 말 못할 인고의 보람을 느낀 듯 입선 축하로 나의 동문 전부를 집으로 초대해서 하루종일 가득 웃음을 머금고 음식 시중을 해주었다.

어머님은 여덟째 아이를 낳고 산후(産後)가 좋지 못해 온몸이 퉁퉁 붓고 열이 심해 그대로 누워계셨다.

무거운 몸을 이끌고 직장 생활을 하던 어머니는 몸과 마음이 너무 쇠약해 있었다. 여러 아이들과 더구나 불구의 자식까지 둔 어머니로서는 자신의 몸을 돌볼 여유가 없었다. 더구나 오랜 실직 상태의 아버지마저 이토록 무리한 생활을 하는 어머니를 따뜻하게 돌봐 주는 남편이 못 됐다.

한 집안을 이끌어나가야 하는 가장 노릇도 힘겨울 판에 한두 번도 아닌 여덟 번째의 무거운 산고를 치러야 했던 어머니, 그 당시 고등 교육을 받은 신여성답지 않게 나의 어머님은 이러한 고난의 길을 불평 한마디 없이 순종으로 받아들였다.

　유난히 맑게 갠 늦가을 어느 날, 어머님은 힘없이 나를 불러 머리맡에 앉게 했다. 한참 동안을 물끄러미 나의 얼굴을 쳐다보시던 어머님의 두 눈에 눈물이 가득 고였다. 나는 왠지 마음이 선뜩함을 느꼈다. 어머님은 무겁게 입을 여시며, 지금 우리 집안은 말할 수 없을 지경으로 기울어졌다는 것과 동생들의 학비도 엄청나게 힘들어졌다는 것이다. 그런데 이렇게 누워만 있으니 어떡하면 좋으냐고 내게 호소를 하셨다.

　"기창아! 우리 집안 사정이 이 지경이구나. 그러니 너와 내가 힘을 합쳐 잘 꾸려가야만 해."

　지금 생각하니 그때 어머님은 당신의 운명이 멀지 않았다는 것을 예견하셨던 것 같다.

　며칠 후 어머님은 심장마비로 조용히 떠나셨다. 어머님 향년은 38세, 너무나 짧은 생애였다. 마지막 가는 순간에도 어린 자식들이 너무 마음에 걸리셨는지 두 눈을 감지 못했다. 어머님의 죽음을 듣고 황급히 달려온 친구분이 두 눈을 감겨주며 줄줄이 늘어선 우리 형제들을 보고 한숨을 크게 쉬었다.

　나의 가슴에는 언제나 어머님의 영혼이 담겨져 있다. 그리고 이 세상 누구보다도 나에게는 자랑스럽고 지혜로운 어머님이라는 것을 소리 높이 외치고 싶다.

보살 할머니

이 진 섭

"문지방이 물렁물렁해져야 어린것이 쑥 빠지느니라……. 그저 죽어라 하고 꾹꾹 참아야지……."

만삭이 된 막내손녀에게 이르시는 어머님의 말씀이었다.

아무리 의술이 발달되고 병원에서 산욕(産褥)을 보살펴주는 편의가 있다 해도 출산 때 당하는 고통은 예나 지금이나 다 마찬가지라는 지론이시다.

증손자를 굳이 바라시는 어머님의 이런 말씀에 손녀는 그저 피식 웃고 만다. 도무지 공감이 안 가는 현대 여성이기 때문이었으리라.

어머니의 연세 올해 88세.

우리 4남매(2남 2녀)에서 손자 다섯, 손녀 여덟, 증손자 열둘, 증손녀 열을 두셨다.

李眞燮(1922~1983) : 극작가. KBS 심의위원 역임.

그래서 집안에 누가 태기만 있으면, 산모에게 되풀이하시는 말씀이 그러했다.

"문지방이 물렁물렁……."

해산(解産) 때 겪는 고통을 참고 힘을 주기 위해 잡을 만한 것은, 우리네 옛날 가옥 구조로 보아 '문지방' 밖에 없다. 그 문지방을 잡고 오죽이나 힘을 주었길래 물렁물렁해질까.

이것은 옛날 여인들이 겪은 경험에서 나온 실감일 게다.

엄격한 상봉하솔(上奉下率)의 봉건적 가정에서 겪어온 옛 여인들의 애환(哀歡)을 담은 이야기는 너무나 많다.

어머님도 그 중의 한 분이시다.

일찍이 서울 재동(齋洞)에서 변 목사(邊牧使) 막내따님으로 태어나신 어머님은, 7살 때인가 서울 삼청동(三淸洞)에서 집 담장 너머로 경복궁 안의 민비시해(閔妃弑害) 때의 난리를 목격하셨다.

그러니까 스산한 먹구름이 소용돌이치던 한말(韓末)의 풍상을 몸소 겪고 10세 되던 해에 널리 퍼지고 있던 장질부사의 전염으로 열병에서 깨어났을 때는, 언니 한 분만 남고(아버님은 지방에) 어머니와 형제가 이미 세상을 떠나 마루에 궤연을 모셨더라고 한다. 한 집안에서 세 분과 종 두 명이 희생되었다니…….

깨어 보니 집 안이 텅 비고 궤연만이 남아 하도 어이가 없고 실감이 안 나서 울지도 못했다고 그 당시를 회고하며 이야기를 하신다.

16세에 우리 집으로 들어오신 뒤, 평생을 두고 친정에는 가보신 적이 없어, 고된 시집살이에 눈물깨나 짜신 모양이다.

친정아버님이 돌아가셔도 못 가게 했다는 그 당시의 비정(非

情)을 지금 와선 나무랄 도리는 없으나, 아무튼 어지간히 엄하고 고된 시집살이였나 보다.

아버님(어머니와 동갑)이 상투를 자르고 큰아버님의 뒤를 따라 일본에 건너가 명치대학 상과를 다니시는 동안, 어머니는 시골 큰댁〔楊州〕에 들어가서 큰동서님(작고)과 함께 집안일에 시달렸다. 시할아버님(낙향하신 전 참판)과 큰댁 시어머님, 작은댁 시아버님과 시어머님 그리고 아직 출가 안 한 두 시동생과 두 시누이의 뒷바라지를 도맡아해야만 했다.

귀여운 막내로 응석을 부리고 마음껏 자라난 어머니는 매일 겪는 고통에 죽고 싶은 생각이 간절했으나, 웃음이 많아서 죽지도 못했다고 술회하신다.

"오죽잖은 일에 왜 그리 웃음이 잘 터지는지 몰라……. 아마 너무 젊고 철이 없어서 그랬나봐……."

까르르 웃으실 땐 지금도 20대 여인 못지않게 젊다.

도레미파솔라시도 곡조(曲調)로 맑게 훑어 올라가다간 다시 방울 구르듯 내려오는 식의 반복(反復). 그래서 어머니가 웃으실 땐, 우리 가족들이 전염이나 된 듯이 모두 따라 웃게 마련이다.

이상한 매력을 지닌 웃음이다. 아무리 고통스러워도 '웃음이 많으면 못 죽는다'는 어머님의 철학이 여기서 나온 것이리라.

아버님이 학업을 마치고 돌아오신 뒤 개화(開化)된 지식을 살리기 위해 우리는 비로소 분가(分家)해서 서울로 이사, 정착하기로 했다. 엄하신 큰댁 할아버지의 반대를 무릎쓰고 형님을 사범부속에 넣고, 당시의 신식교육에 힘을 기울이셨다.

그러나 반일운동(反日運動)에 가담한 아버님이 아라사(러시아)와 중국에서 망명(亡命) 생활을 보내시는 동안 어머님의 고난은 계속되었다. 어머님은 그때, 남자가 마음먹고 하는 일이라고 생각하여 아버님의 거동을 말릴 수 없었다고 했다.

큰댁의 반대를 무릅쓰고 분가한지라, 아버님의 오기를 생각해서라도 시골엔 갈 수도 없었다. 이따금 주위의 눈치를 보고 친정 조카가 사는 통진(通津)을 가끔 드나들 뿐이었다.

이러던 중 8년 만에 아버님이 중국 청도(淸島)에서 잡혀 호송(護送)되어 왔다. 다행히 큰아버님과 그 당시(일제하) 위세당당한 일가 친척들의 도움으로 무사히 석방되어 나와 백부님의 권유로 취직을 하게 되어(상공회의소) 우선 안정하게 되었다.

"저를 낳으실 때두 문지방이 물렁물렁했나요?"

"말 말아라, 너는 머리가 너무 커서 문지방 하나론 견디기 어려울 정도였어."

당주동 봉상소(奉上所) 앞 큰집에서 나를 낳으신 뒤 화동으로 옮긴 어머니는 또 하나의 새로운 고통에 부딪혔다.

후딱하면 직장에서 일인(日人)과 싸워 야단법석을 떠는 아버님 때문이었다. 다행히 그때마다 정론(正論)을 펴고 당당히 싸우는 아버님의 소행에 어머니는 오히려 격려를 아끼지 않았다고 한다.

그러나 직장도 오래 못 간다는 것을 예감하고 항상 다음에 올 불행한 사태에 어떻게 대비하느냐를 늘 생각했다는 것이다.

"······행복이 뭔지 모르나 그런 건 찾지 말고 가만 두는 게 좋아······. 오히려 다음에 올 불행에 채비를 하는 게 상책이니라······."

어머니의 지론(持論)이시다.

아닌게 아니라 얼마 안 가서 아버님은 직장을 그만 두셨다. 일인 밑에서는 죽어도 일할 수 없다는 아버님의 고집. 그 고집에 어머님은 아무 말도 없었다.

아버님의 방랑병(放浪病)은 또 시작되었다. 3·1 운동, 6·10 만세 사건 등에도 관련되었다가 풀려나온 뒤 자립하기 위해서 광산(鑛山)을 찾아 팔도강산을 헤맸다.

다행히 큰댁으로 들어간 형이 일가(一家)를 이루어, 그 때문에 어머니는 우리 세 남매 양육에 고역을 치렀다.

"……지금은 고생돼두 참아야 해……. 위를 보고 살지 말고 바닥을 보고 살아야 해……. 절대 비굴해지지 말아야 한다. 지금의 고생은 뒤에 올 너희들 세상을 아름답게 하기 위한 하나의 희생이라고 생각해……. 앞날이 창창한데 이까짓 게 뭐 걱정이냐……. 그럴수록 남에게 체신 잃지 말구 중심 단단히 잡고 너 할일만 잘해……."

보통학교 3학년 때 부득이 우리는 형을 따라 대구(大邱)로 옮겨야 했다. 성공하기 전엔 안 돌아오시겠다는 아버님은 팔도강산을 누비고 방랑하고 계셨으나, 자식들에게 자상한 아버님은 가시는 곳마다 편지를 띄워보냈다. 물론 어머님에게도 왔다. 그러나 어머님은 결코 당신에게 온 편지를 우리에겐 알리지 않고 꼭꼭 묶어 몰래 장 속에 넣어두셨다. 그러나 나는 아버님을 무척 미워했다.

어느 때인가 장난기 많은 내가 훔쳐보았다. 점잖게 서로 공대하는 말투로 엮은 두 분 편지 내용에서 두 분 사이에 정분이 두텁다는 것을 알았다.

"정이 더럽다시면서 아버지 편지만 오면 좋아하시는군."

놀려대는 말에 어머니는 숙연히 생각하듯 말하셨다.
"……너흰 아직 몰라……. 부부의 정이 뭔지……. 자식에 대한 정이 뭔지……. 다 자라면 알게 될 게다……. 정이 더럽다지만 세월이 쌓이면 버릴 데가 없는 것이 정이란다……."
그때는 실감 못할 나이였지만 그때의 이 말을 나는 지금도 잊지 못한다. 실감하기 때문이다. 어머님 시대의 배경을 너무나 잘 표현한 말이기 때문이다.

낯선 곳에서 학교를 다니는 동안 그래도 나는 많은 친구를 사귀었다.
"친구가 보배야……. 더구나 가난했을 때 사귄 친구는 영생토록 잊지 말아야 해."
즉, 이 말씀은 부부의 정리(情理)로 표현한 '조강지처는 불하당이요(糟糠之妻不下堂), 빈천지교는 불가망이라(貧賤之交不可忘)'의 옛말에 통하는 말씀이었다.
보통학교 5학년 때, 다행히 아버님이 광산에서 성공해 모두들 여주(驪州)로 옮기게 되었다.
나는 시골로 가는 것이 무척 싫었다. 될 수 있으면 나만이라도 서울 학교로 되돌아갔으면 했다. 그러나 오랜만에 아버지와 함께 지내게 된 어머니는 희색이 가득했다.
"너희들을 위해서라도 이젠 다시 깻박을 치지 말아야 할 텐데……."
어머니는 기쁘면서도 한편으로 아버님을 불안해했다. 하도 생활의 고저(高低)가 심한 곡선(曲線)을 이루어 항상 불안했기 때문일 게다.

나는 그 눈치를 알아채고 서울 가는 것을 고집하지 않았다.

여주에서의 생활은 아마도 어머니에게는 평생을 두고 가장 풍족하고 행복한 시절이었으리라 생각된다.

어머니의 자주(紫朱) 댕기가 맑고 빛나던 기억이 아직도 생생하다. 항상 단정하게 머리를 빗고 때때옷으로 저녁때 아버지를 기다리시던 어머니의 즐거운 모습.

광주(鑛主)의 어부인이라고 유지들 사이의 교분이 많아지고, 부인들끼리의 왕래도 잦아졌다. 서울 부인의 이름으로 알려진 어머니는 여주바닥에서는 깔끔하고 예의 바른 부인으로 이름났다.

자연히 모든 동리 사람이 우리 집에 몰려들기 시작했다. 집집마다 무슨 대사가 있을 때면 으레 어머님을 모셔가고 관혼상제의 절차를 그때마다 어머님은 일일이 가르쳐주셨다. 어머니는 극히 행복스러웠다.

금광에서 노다지가 쏟아져나오고 광산을 팔게 되자, 또 한 차례 일본인과의 싸움이 붙었다.

어머니는 행복의 절정 문턱에서 다시 어두운 그림자를 보게 되었다.

우리들의 교육을 생각하고, 아버님께 우겨서 어머님과 함께 서울로 먼저 가기로 했다. 일인과의 송사는 승리로 끝났지만 아버지는 서울로 곧장 올라오시지 않았다.

서울에 다시 온 나는 그저 즐겁기만 했다. 아버지는 다른 광산에 또 손을 대신다는 것이다. 그러나 뜻대로 되지 않았다. 어머니는 무한정 기다리셨다.

서울에 올라오신 아버님이 미두(米豆)에 손을 대시다 실패하고 가산을 없앴다. 그리고 내가 중학 1년 때 그만 신병으로 52세를 일기로 세상을 떠나셨다.

어머님의 고난은 계속되었다. 그러나 여간해서는 슬픈 얼굴을 보이시지 않았다. 항상 대인관계에 있어선 깍듯하셨고 명랑을 잃지 않으셨다.

다만 제삿날이 되면 호곡 때, 참았던 울음을 조용히 터뜨리시며 그 숱한 슬픔을 깨무는 표정에 오히려 주위 사람들의 울음을 더하게 했다.

명랑을 잃지 마라는 어머님이 몸소 보이신 거동은 어려운 가운데서나마 우리에게 큰 교훈이 된 것이다.

'도레미파의 웃음소리'는 변함이 없었고 올바른 지론에 남에게 꺾이지 않는 고집은 항상 약해지려는 우리를 채찍질했다.

구소설을 너무 많이 읽으신 어머니는 재미있는 옛 이야기를 우리에게 잘해주셨다. 그래서 역사에도 밝고 풍속 습관과 왕궁(王宮) 내의 일에도 밝았다.

"내가 개화시대 때 공부나 했어봐라. 행여나 너희 집에 들어갈 내가 아니야……."

하긴 그렇다. 일제 때 우리 형제가 어머니 못 들으시게 일어로 말하면 벌써 알아들으시고,

"오카 상이 어떻단 말이냐?"

고 반문하시고, 웬만한 일어 단어는 금세 알아들으셔서 우리가 꼼짝도 못했다. 요샌 '트러블'의 영어까지 곧잘 쓰신다. 우리 형제가 자라나서 각기 사회인으로 행세하게 되자, 어머님의 고통은 좀 더는 듯했다.

그러다 8·15 해방이 되고, 복잡한 사회의 소용돌이 속에서

나마 집안은 잔잔했다. 다만 나의 나쁜 주사(酒邪) 때문에 염려를 끼쳐드렸다.

더욱이 6·25 때 맏형이 공산군에 납치되고 피신으로 가족이 뿔뿔이 헤어지게 되자 어머니는 고독했다. 쫓기던 나와 손아래 누이가 없어지자 어머니는 큰누이와 어린 조카 둘을 데리고 집을 지켰다.

9·28 수복에 앞서 공산군이 발악하자 동네의 악질분자 안내로 우리 집(필동)을 뒤지기 시작했다.

동네 사람과 부들부들 떠는 어린 조카를 등 뒤에 돌리고 앓아누운 큰누이 앞에 구둣발로 들어서서 따발총을 겨눈 공산군 앞에서 어머니는 당당하게 호통을 쳤다.

"이놈들, 너희들은 에미 애비도 없느냐……. 어른도 몰라보고 구둣발로 내실에 들다니 어서 썩 나가지 못해."

공산군은 순간 찔끔하다가 나와 내 누이의 이름을 대고 반동분자니 내놓으라고 소리쳤다.

"이놈, 너희들이 내 큰아들을 잡아갔음 그만이지 또 누구를 내놓으라는 거냐……. 난 모른다……. 정녕 내놓으라면 이 늙은 것을 먼저 죽이고 맘대로 해라……."

하도 서릿발이 시퍼런 엄숙한 호통에 공산군은 그대로 아무 소리 없이 나갔다는 것이다.

이것을 곁에서 본 동네 사람들은 그 후부터 우리 어머니의 대담한 호기에 '호랑이 할머니'라는 호칭을 붙였다.

무섭지 않았느냐는 주위의 질문에 대해 어머니는 조용히 말씀하신다.

"내가 나쁜 짓을 한 것이 없는데 무엇이 무섭소?"

공산군이 물러간 뒤 납북된 형을 빼놓고 우리 가족은 다 합류하게 되었다.

"그 무서운 난리를 나는 평생 동안 여러 차례 겪어 왔어. 난 이제 무서울 것이 없어……. 그저 너희들만 항상 건강하고 명랑하고 아무 탈 없이 의좋게 지내면 그만이야……."

6·25 후 백발 노인이 된 어머님은 그래서 납북된 형과 우리들을 위해 밤이면 목욕재계(沐浴齋戒)하고 꼭 잠자리에서 부처님에게 치성을 드리고 합장한다.

이것이 매일의 행사가 되었다.

낮이면 으레 흩어져 사는 가족들에게 돌아가며 손수 전화를 거시고 안부를 묻는 게 일과이시다.

그리고 일가 친척들이 생일과 대소가집의 제삿날을 꼬박 일러주신다. 예의에 벗어난 결례(缺禮)가 있어선 안된다는 것이다. 그래서 관혼상제는 물론 결례가 되는 일에는 더욱 예민하시고 기억력도 대단하시다.

"100가지의 재주로 100가지를 이루어도 1가지의 졸함만 못하다〔百巧百成不如一拙〕"

고 입버릇처럼 말씀하시는 이 구절은 어려서 익히신 명심보감(明心寶鑑)의 글귀라신다. 백사를 다 잘해도 한 가지의 결례나 졸함을 지키지 못하면 존경받을 위인이 못 된다는 것이다.

"군자는 결코 탐욕을 내서는 안된다. 더욱 권가(權家)에 드나들며 명목(命目)을 놓아 벼슬자리나 얻으려는 것은 아예 삼가라. 상대가 알아주지 못하면 그만이 아니냐. 그 대신 자신의 처신과 행실에 엄격해야 한다"

는 것이 어머님이 항상 내게 부탁하시는 말씀이다.

시대 조류에 맞지 않는 이야기이고 나의 부덕 탓인지는 몰라도 나는 그럭저럭 어언중에 어머님 말씀을 지키고 내 힘대로 지금껏 살아왔다.

백교백성(百巧百成)커녕 다졸(多拙)을 지키지 못한 나에게 나의 현재는 마땅한 현실로 받아들일 수밖에 없는 거다.

이제 치아가 다 삭아서 없어지고, 눈도 침침해지고, 귀도 다소 멀어지신 어머니, 그러나 거의 매일같이 집안 식구들의 안부를 물으시고 찾아오는 수많은 손자손녀와 즐기시는 어머니.

그래서 우리 애들은 할머니를 '산보살님' 같다고 한다. 그 모진 고난을 겪은 분같이 느껴지지 않는다는 것이다.

그러나 나날이 쇠퇴해지시는 어머니의 모습을 보고 있으면 마치 조각난 유리조각을 다시 모아 모자이크해 놓은 유리그릇——깨질 듯하면서도 깨지지 않고 오묘한 광채를 내뿜는 유리그릇 같은 어머니의 모습은 아마도 그 오랜 세월 동안 쌓은 상심(傷心)과 인내(忍耐)와 고난의 극복과 자기의 희생으로 응고(凝固)되어 깨어지지 않는 신비로운 광채의 유리그릇이 되었는지도 모른다. 그야말로 상처투성이의 연륜(年輪)이 쌓은 광채임에 틀림없다.

봄 가을이면 꼭 한 번씩 치르는 노환. 그러나 그때마다 어머님은 말씀하신다.

"내 걱정 말아라……. 아직 안 죽으려고 내가 이렇게 앓느니라……. 아직 진이 덜 빠진 모양이지?"
하고 피식 웃으시며 걱정스레 바라보는 우리들에게 안심시키듯 말씀하신다.

"내가 진이 다 빠지면 앓지도 않고, 숯불이 사위듯 스르르 꺼질 테니 염려 말어……."

아마도 어머님의 예감이 옳을지도 모른다. 내년이면 90. 아니, 망백(望百)이라고 해야 옳다. 100세를 바라보시고 더 사셔야 하겠다.

상처투성이의 결정(結晶)이 긴 세월 동안 모아져 곱게 늙으신 어머님의 흰 모습──애들 말대로 산보살님에 틀림없다.

그래서 우리들은 적어도 모성애(母性愛)에 대한 굶주림만은 모르고 지내왔다는 것을 크게 자랑삼고 있다.

나의 어머니

윤 형 두

　불가(佛家)에서는 현세에서 옷깃을 한 번만 스쳐도 천 겁(千劫)의 전생 연분이 있었다고 하거늘 그렇다면 어머님과의 인연은 전생에 몇억 겁의 인연이 있었는지도 모른다.
　곱게 빗질하여 쪽진 머리에 흰눈과 같은 행주치마를 허리에 동여맨 어머니를 어머니로서 의식한 것은 어느 때부터였을까?
　운명에 순응하기보다는 닥쳐오는 운명에 부닥치면서 한 아들을 위하여 일생을 살아오신 어머님은 한일합방 직후 일제의 탄압이 악마의 손길처럼 전국으로 번져갈 때, 어부의 큰딸로 태어나셨다.
　여수항(麗水港)에서 두어 시간 발동선을 타고 남쪽으로 다도해를 끼고 가면 돌산(突山)이라는 섬의 군내리라는 한산한 어촌에 이르게 된다. 그곳에서 일찍 아버님을 여윈 5남매 중 위로 오빠 한 분과 아래로 세 여동생을 돌보며 낮에는 바닷가에 나가

尹炯斗(1935~　　) : 수필가. 중대 신방대학원 교수 역임. 범우사 대표.

석화(石花)를 까면서 폐쇄된 섬생활을 해오셨다. 열여덟 되던 해, 중매쟁이가 일본에서 왔다는 사진 한 장을 가지고 온 것을 보고 방랑벽이 심한 나의 아버님과의 혼약이 결정되었다.

나의 아버님은 몰락해버린 윤 감찰댁 셋째 아들로, 어머니의 고향 마을에서 벅수골이라는 천하대장군(天下大將軍)과 지하여장군(地下女將軍)의 장승이 양 옆에 서 있는 고개를 하나 넘어 10리쯤 가면 있는 복골[小福谷]이란 작은 마을에서 자랐다. 어릴 때 지나가는 동냥중이 '이 아이는 필시 단명하리라'고 한 단명론 때문에 아버님은 이 사찰에서 저 암자로 전전하다가 철이 들 무렵에는 현해탄을 건너 일본으로 가셨다.

그 후 돈을 좀 벌어서 고향 처녀에게 장가 가겠다고 세비로 양복에 넥타이를 비스듬히 매고 중절모를 쓴 사진 한 장을 보낸 것이 '여자 팔자 뒤웅박팔자'라는 어머님의 일생을 결정짓고 만 것이다.

이국(異國)의 국제항인 일본의 고베[神戶]에 내린 어머님, 태어난 뒤 자전거 한 번 보지 못하고 육지에 발 한 번 들여놓지 못하였던 어머님에게는 닥쳐오는 시간과 옮기는 장소마다 조여오는 시련뿐이었다. 그곳에서 어머님은 체념과 인내를 배우셨으리라.

이역만리 낯선 곳에 단 한 사람 믿고 따라온 남편이 다나카[田中] 철공소라는 간판을 걸고 선반(旋盤) 한 대와 자전거포를 겸한 조그마한 가게를 보면서 백만장자의 아들인 양 포커, 경마 등 온갖 도박에 빠져 몇 날 며칠이고 나타나지 않으셨을 때도 한없는 고독을 안으로 삼켜가며 가정을 지켜오셨다.

나는 그 고베 산노미아 역전(驛前) 다나카 철공소 2층 돗자리 방에서 추운 겨울날 아침에 태어났다.

나에겐 형이 하나 있었으나 돌 전에 죽고, 누나도 어려서 죽었다. 그래서 어머님은 늘,

"나는 부모 복도 없고, 남편 복도 없으니 너나 훌륭한 사람이 되는 것을 보고 살겠다"

고 말씀하셨다.

우리는 2차대전이 시작된 후 일본 제2 육군병원이 있는 우에하라〔上原〕라는 곳으로 이사를 가서 병원에 청소도구를 납품하는 일을 하기 시작했다. 병원에 청소도구를 납품하기 위해서는 많은 손이 필요했으며 그 숱하게 소비되는 걸레를 깁기 위해서 수십 명의 종업원을 다스려야만 했었다.

그러나 아버님은 어렸을 때부터 못박혀버린 방랑벽 때문에 후지야마·오야마·하코네·규슈·홋카이도 등으로 주유천하(周遊天下)를 하시는 것이었다.

그곳에서 나는 2킬로쯤 떨어져 있는 오노〔大野〕 제일국민학교에 다니게 되었다. 학교 가는 도중에 도쿠야마라는 노인 내외분이 사는 집 뒤뜰에 큰 계피(桂皮)나무 한 그루가 서 있었는데, 가을이 되면 어린 꼬마들이 떨어지는 계피잎을 주워 먹곤 했다.

그러던 어느 날 하학길에 일본 아이들과 계피나무를 흔들어 떨어진 잎을 막 주우려고 하는데 도쿠야마 노인이 뛰어나오더니,

"이놈의 조센징 새끼가 무엇하러 왔느냐?"

고 마구 쫓아오는 것이었다. 나는 혼비백산이 되어 집으로 도망

쳐와서 어머니에게 그 사실을 여쭈었더니,

"그런 건 무엇하러 주우러 갔다가 그런 봉변을 당하느냐?"
고 하시면서도,

"그놈의 영감이 어린아이까지도 조선 사람이라고 경멸을 하는군"
하고 언짢아 하시는 것이었다.

그날 저녁때 노을이 한없이 붉게 타고 어둠이 짙어질 무렵 나는 성냥 한 갑을 호주머니에 넣고 낮에 조센징 새끼라고 욕하던 도쿠야마 노인의 농가로 달려갔다. 집 근처에 가선 슬금슬금 기어가 그 집 앞마당에 겨울나무를 준비해놓은 나뭇단에다가 불을 지르곤 "

'불이야, 불이야!' 소리질렀다. 불은 삽시간에 하늘로 치솟았고 마을 사람들이 손에손에 물을 들고 뛰어나왔다. 그 틈을 타서 뒤뜰에 있는 계피나무에 올라가 크나큰 가지 몇 개인가를 꺾어서 질질 끌고 집으로 돌아왔다.

그 다음날 새벽, 동도 트기 전에 도쿠야마 영감이 쫓아와선 온갖 욕을 다 퍼붓자 한참 후 어머님은,

"모든 것을 다 변상하지요. 얼만지 청구를 하십시오. 그런데 영감님, 그렇게 조선 사람을 천시하면 못쓰는 거예요"
하고 한마디 하시는 것이었다.

이 일에 대해 그날도, 그 훗날도 어머님은 나를 잘못했다고 한 번도 꾸짖는 일이 없으셨다.

그 해 겨울이었다. 같은 급우였던 다케가와(竹川)라는 신사(神社)지기 아들하고 무엇 때문인가 싸움을 하게 되었다. 그런데 왜놈들은 사소한 일에도 상대방이 한국인이면 '조선 놈 바보

새끼', '조선 놈은 다 죽어라' 하는 식으로 조센징이란 민족을 구더기처럼 천시하며 경멸하는 것이었다. 그러한 경멸을 당한 것이 분해 그놈의 멱살을 잡고 실컷 두들겨주었더니 코피가 터지고 얼굴에 상처가 나기도 하였다.

그런 얼마 후 신사(神社)로 동백꽃 떨어진 것을 주우러 갔었다. 떨어진 동백꽃을 모아서 꽃술을 떼어버리고 거기에다 실을 꿰어서 화환을 만들어 목에 걸기 위해서다. 다른 때는 반갑게 맞아주며 '교토[炯斗] 짱 많이 만들어라' 하고 친절하게 대해주던 다케가와의 아버지가 그날은 더러운 조센징이라고 욕을 하며 쫓아내는 것이었다.

쫓겨온 후 하도 분해서 심술이라도 부리려고 다시 신사를 찾아갔더니 아무도 눈에 뜨이지 않아 신사 지붕 옆으로 뻗은 동백나무에 올라가선 신사 지붕에다 오줌을 갈겼다. 처마를 통하여 오줌이 떨어지는 소리를 듣고 신사당 안에 있던 다케가와의 아버지가 비가 오는가 하고 뛰어나왔다가 신사 지붕에다 오줌을 싸고 있는 나를 발견하곤 대경실색하는 것이었다.

이 사건으로 나는 일약 유명해지고 말았다. 일본의 수호신을 모시고 있는 신사당, 신성 불가침의 신역(神域)의 지붕에 오줌을 쌌으니 오족을 멸해도 시원치 않다는 것이다. 매일 마을 유지회의가 계속되었고 학교에다산 퇴학을 시켜야 한다고 압력을 넣는가 하면 우리 공장을 몰수하고 가족은 추방하여야 한다고 야단들이었다. 그런데 이 야단이 나던 날 어머니는 나에게,

"왜 신사당 지붕에다 오줌을 쌌지?"

하고 물으시기에,

"다케가와의 아버지가 신사 뜰에서 동백꽃을 줍는데 더러운

조센징 나가라고 쫓아내기에 화가 나서……"
라고 말씀드렸더니,
"그래 알았다"
하시고는 그 북새통에서도 한마디의 불평도 꾸지람도 없으셨던 어머니다.

그 후 아버님이 몇 곳을 다녀오셨고, 육군병원의 계급깨나 있는 분이 몇 번 왔다갔다 한 후 문제가 해결된 모양이었다.

이렇게 아들의 사기를 돋우고 불의의 반항엔 묵시적인 동조를 하시던 어머님이시지만 나쁜 일에는 누구보다 엄격하고 단호하셨다.

초등학교 2학년 때의 어느 추운 겨울날이라 기억된다. 우리 집 앞에 다로[太郎]라는 나보다 서너 살 더 먹은 한국 아이가 있었는데 자기 부모들이 모두 우리 공장에 다녔기 때문에 더욱 친했었다.

어느 날 학교에서 돌아오니 집에는 아무도 없고 다로만이 앞마당에서 햇볕을 쬐고 앉았다가, 읍에 곡마단이 들어왔는데 보러 가지 않겠느냐는 것이다.

"그래, 가자"
고 하였더니,

"너 돈 있어?"
하고 말하는 투가 네가 어디 돈 있느냐고 깔보는 것 같았다. 그래 안방에 들어가서 장롱 안에 있는 금고를 열고는 다로에게 자랑도 할 겸 듬뿍 돈을 가지고 나와선 읍으로 향하였다.

재미있는 서커스 구경을 하고 남은 돈으로 고무풍선과 연도사고, 권총, 칼 등 10여 가지의 장난감과 먹을 것을 사가지고 어둑어둑해서 집에 돌아왔더니 어머님이 성난 음성으로 부르시는 것이었다.

그때 왜 그렇게 어머님은 무서운 얼굴을 하고 계셨을까? 얼굴엔 경련이 일고 이와 이가 부딪치는 소리, 그 무서운 눈, 그렇게 실망과 노함이 얽힌 표정을 예전엔 한 번도 본 일이 없었다.

내가 입었던 옷을 갈기갈기 찢어버리고는 실오라기 하나 걸치지 않은 벌거숭이에다 내가 사가지고 들어온 연과 고무 풍선을 목에다 걸어매고, 총과 칼은 허리에다 달아매더니 빵과 과자를 입에다 물리고는 팽이, 자동차 등 장난감을 양손에 들려 놓고 회초리로 볼기짝과 종아리를 힘껏 때리시는 것이었다.

나는 아픔에 견디다 못해 밖으로 뛰쳐 달아났다. 엄동설한 추운 강풍이 몰아치는 언덕길을 한없이 도망쳐 달아났다. 연과 고무풍선은 뒤에서 휠휠 날고 허리에 찬 칼과 총은 금속성을 내며 딸랑거리는 그 장면을 보신 어머님의 마음은 얼마나 상하셨을까?

그런 후 어머님은 며칠 동안 눈물을 흘리시며 식음을 전폐하셔서 쇠약하실 대로 쇠약해지셨다. 사람될 놈은 떡잎부터 알아본다는데, 유일한 기대를 걸었던 아들 하나가 금고를 털어가지고 구경이나 다니고 못된 짓을 하고 다니니 얼마나 마음이 아프셨으며, 그 동안 쌓고 쌓으신 크나큰 꿈이 남가일몽이 되었다고 생각할 때 오죽이나 어머님은 분하셨겠는가?

일본의 패색이 점점 짙어가던 때 죽어도 고향에 가서 죽겠다는 아버님의 주장으로 우리 세 식구는 그저 간단한 트렁크 몇 개를 꾸려 가지고 한국으로 나왔다. 공습이 시작되자 정기 관부(關釜) 연락선이 끊기고 군수물자를 싣고 다니는 부정기적인 화물선인지라 민간인들의 짐은 거의 실어주지 않아 빈손으로 나왔다. 모두들 살림살이를 가져오지 못한 서운함 때문에 남편을 원망하고 다시 일본으로 돌아가겠다고 같은 공장에 있던 아낙네들이 야단법석을 떨자 어머님은,

"쓸데없는 소리들 마시오. 폭격을 맞으면 모두 재가 되어버릴 터인데 목숨만이라도 살아서 부모 형제와 같이 고향 땅에 가 사는 것 이상 더 좋은 일이 어디 있겠소"
하고 조용히 타이르시는 것이었다.

촌뜨기 새댁이 멀고 낯선 이역에 가서 말로 형용할 수 없는 고통과 외로움을 겪고 15년 만에, 그것도 피란이라는 형식으로 고향을 찾아오는 그 심정 무엇이라 형용할 수 없었으리라. 고향에 닿자 모든 농가들은 극심한 공출(供出)로 쌀·보리는 돈으로도 살 수 없고 고구마나 조밥, 심지어는 콩깻묵밥과 소나무 속껍질에 쑥이나 잡곡을 섞어 지은 송구밥으로 연명하는 사람이 많았다.

우리가 찾아간 큰집도 예외일 수 없었다. 하루는 어머님이 외가댁에 다녀오시겠다고 떠나신 3일 만에 돌아오셨는데 버선 속과 허리춤에 쌀을 차고 오셔서 며칠 동안 쌀밥 구경을 할 수 있었다. 위장병 환자인 아버지와 어린 외아들을 위해 얼마 후에 또 어머님은 쌀을 구하시러 가신다고 떠난 며칠 후 핏기 없는 얼굴로 돌아오셨는데 여수까지 다 와 객선을 타려는 선창가에서 그만 순사에게 쌀이 든 륙색을 빼앗기고 말았다는 것이다. 륙색 안에다 작은 자루를 만들어 쌀을 넣고 그 위에다 감자를 넣어 감쪽같이 위장을 하였는데 어떻게 그놈이 알았는지 모르겠다고 분해하시며 잠을 못 주무시던 어머님의 모습이 어제일

같이 뚜렷이 떠오른다.

　그런 얼마 후 해방이 되었다. 해방의 기쁨도 가시기 전에 아버님은 오랫동안 앓아오시던 병이 악화되어 그 이듬해 봄 돌아가시고, 그로부터 어머님은 오직 한 아들을 위하여 어떤 고난에도 굴하지 않고 강하게 살아오신 것이다.

　일본에서 나오실 때 좀 가져오셨던 돈으로 농토를 사서 농사를 지어보았으나 아버님의 병환이 심하여지니 여의치 않아 농토를 팔아 어선(漁船)을 샀는데 그것마저도 남을 시키니 마냥 손해만 보는 것이었다.

　그래서 배도 팔고 해방 후 일본 사람이 경영하던 조선소(造船所) 하나를 이모부와 같이 인수하였는데 그것도 불행하게 이모부와 아버님이 돌아가시자 누구 하나 돌보아주는 사람이 없어 법률적인 쟁소(爭訴) 한번 해보지 못하고 빼앗기고 말았다.

　어머님에게 이제 남은 재산이라고는 짐스러운 아들과 손재봉틀 하나뿐이었다. 그 손재봉틀 하나에 생계를 맡기고 한 아들의 성장에 기대를 거시며 어머님은 밤낮을 가리지 않고 일하신 것이다.

　그러자 내가 중학 1학년 때인 10월에 동족상잔이란 말로도 표현할 수 없을 만큼 끔찍한 여순반란사건(麗順叛亂事件)이 일어났다.

　많은 이웃 청년들이 죽었다. 마을의 남녀노소 모두가 배에 실려 여수 종포에 있는 초등학교 교정으로 끌려갔고, 그 중에서 일곱 청년이 일제시대에 헌병 상병인가 했다는 호랑이라는 사나이의 일본도(日本刀)에 목이 달아났다.

　그것을 보고 오신 어머님은 강력하게 나의 등교를 막으시는 것이었다. 공부해서 무엇하겠느냐는 것이다. 어머님 앞에서 피를 뿜으며 죽어간 청년들이 무식하였던들 죽지 않았을 것이 아니냐는 것이다.

어머님의 완고한 고집 때문에 새로이 생긴 서당에서 저녁마다 천자문을 배우며 3개월을 보냈다. 그러던 어느 날 나는 어머님에게,

"어머님이 학교를 보내주지 않으시면 제가 고학이라도 하여 다니겠습니다. 고향에선 고학하기가 힘들 것 같아 객지로 가겠으니 전학금만 좀 만들어주십시오"
하고 연 10여 일을 졸라댔다. 그랬더니,

"그러면 가래나무〔落葉松〕 30짐을 하루도 빠짐없이 해오라"
는 것이었다.

그 이튿날부터 큰댁에서 맞추어 온 꼬마지게를 지고 도시락을 허리춤에 달고 나무꾼을 따라 나무를 하기 시작했다.

그 무렵 워낙 도벌들을 하여 나무가 없을 뿐만 아니라 여순반란사건 후 반란군들이 산 속에 숨어 있다가 저녁이면 민가에 나와 괴롭히는지라 나무가 좀 무성한 곳은 모두 벌목을 해버려 가래나무를 한다는 것은 여간 힘든 일이 아니었다. 그런 데다 설상가상으로 우리 동네는 여수시가 가까워서 새벽부터 나룻배를 타고 나무꾼들이 장사진을 이루며 건너왔다.

그래 우리 동네 나무꾼들은 새벽밥을 먹고 마을에서 약 8킬로가 넘는 굴앞이라는 곳으로 가서 나무를 해오는 것이었다. 어린 나이로 여간 힘든 일이 아니었으나 비오는 날 이틀을 빼고 매일같이 나무를 하여 어머님이 분부하신 가래나무 30짐을 하루도 쉬지 않고 기어이 해냈다.

그날 밤 어머님은 어린 나를 불러놓고 그만한 인내심이면 객지에 가서 여간한 고생쯤을 참을 수 있을 것 같다고 하시며 장한 아들이 되라고 격려해주셨다.

1개월 후 나는 어머님이 만들어주신 학자금으로 여수에서 40킬로 떨어진 교육 도시인 순천(順川)의 농림중학교로 전학을 하였다.

당숙이 주지로 계시는 용화사라는 절에서 법당 청소와 심부름을 하며 얼마간 지내기도 하고 학교 매점에서 점원 노릇도 해가며 학교를 다녔다.

여름방학 때면 어머님과 같이 고향집 등 너머에 있는 돌산 해수욕장에 가서 사과궤짝을 놓고 과일과 과자를 팔기도 하고, 6·25 동란 중에는 어머님과 나는 이집 저집 친척의 농가를 찾아다니며 논김도 뽑고 며루잡이도 하며 지내는 동안 육체적으로는 고되었으나 어머님과 같이 있는 것이 마냥 즐겁기만 하였다.

그런데 해방 후 왜놈에게 매입하였던 조선소의 사택에서 살던 우리는 법률적인 수속의 미비로 조선소를 빼앗겨버린 후 그곳에 딸려 있는 조그마한 두 칸 집에서 살다가 조선소를 확장하는 바람에 그 집에서마저도 쫓겨나게 되었다.

그 딱한 사정을 알고 동네 어른 두 분이 30여 평씩 땅을 주어 어머니와 나는 그 땅에 세 칸 겹집을 짓기 시작했다. 어머님과 나는 밤새워 설계를 했다. 길갓집이라 두 칸은 가게, 그리고 큰방과 건넌방은 나의 공부방으로 이용하고 방 하나를 더 들여 어머님의 적적함을 풀어드리기 위하여 마음 착한 분에게 주기로 하였다.

공사를 맡은 목수 영감님은 착한 분이셨다. 나는 큰댁에 가서 기둥과 들보감 등 나무를 구해오고 어머님이 삯바느질로 모으신 돈으로는 기와, 시멘트 등을 사왔다.

잡역(雜役)은 동네분들이 노임도 받지 않고 십시일반(十匙一飯)으로 도와주셨다.

그러나 그것도 모두 어머님이 뿌려놓은 씨를 거두신 것이었으리라.

산파조차 없는 동네. 나룻배로 건너 여수에 가면 병원이 있기는 했으나 가난하기만 한 그들은 병원이란 황금향인 엘도라도의 사람들이나 가는 것으로 알고 있다. 그런 마을에서 어머님은 산파이며 외과의사였다. 그리고 받은 아이에게 작명까지 해주신다. 사내아이를 낳으면 명이 길라고 판돌이, 계집아이를 낳으면 남아를 낳으라고 두리라는 식으로. 그리고 초상이 나면 그 어려운 상복을 격식에 맞추어 짓는 사람도 어머니였으며 결혼, 회갑 등 큰 잔칫상은 으레 어머니의 손에 의하여 다듬어진다. 그래서 다재박복(多才薄福)한 어머님의 별명은 여이장(女里長)이며, 외로운 당신을 사내다운 음성으로 억제하며 살아왔기 때문에 하나의 별명은 양철이었다.

그런 데다 어머님의 음식 솜씨는 동네에서 예찬을 받을 정도로 특출하였다. 양념 하나 넣지 않은 것 같은데도 새큼한 김치맛, 젓갈 몇 숟가락만으로 감칠맛 나는 겉절이, 된장에 풋고추 몇 개와 마늘 두어 개 다져 넣고 만든 가오리 된장백이, 고추장에 식초 몇 방울 넣고 만들어놓은 군침이 도는 숭어회, 그 어느 것도 요사이 요리책 몇 권씩을 뒤적거리며 만들어놓은 음식보다 맛있었다. 잿물을 내어 빨아놓은 빨래는 표백제가 난무하는 요즈음도 거기에 미치지 못하도록 희디희었다. 이 모든 것이 어머니는 내 육신(肉身)의 고향이라는 관념 때문일까.

어머님은, 집을 지으신 후로는 길갓집이라 구멍가게를 보기 시작하였다. 새벽 일찍 나룻배를 타고 여수로 건너가셔서 과자, 음료수 등을 가득 머리에다 이고 돌아오셔선 아침을 드시는 둥 마는 둥 하시곤 점포를 벌이고 하루의 일과를 시작하는 것이었다.

'자신의 능력을 포기하고 남에게 의지하는 것은 곧 거지의 근성과 통하는 것이며, 사람이 다른 동물과 다른 것은 자신에게 주어진 환경과 운명을 개척하는 데 있다'는 것이 어머님의 신조이셨다. 게으른 사람을 제일 싫어했다. 때문에 운수불길하여 망한 사람에게는 동정하여도 게을러서 못 사는 사람에게는 물질뿐만이 아니라 정신적으로도 한푼의 동정을 하지 않으셨다. 그리고 순리(順理)에 역행하면서까지 재물을 얻는다든지 지위를 얻는 것도 용서하지 않으셨다.

나는 고생 끝에 농림고등학교 축산과와 광주에서 축산갑종강습소를 마치고 애당초의 꿈은 목장이라도 하며 어머님을 지성껏 봉양해야겠다고 생각했으나 세상은 꿈대로만 되지 않았다. 종축(種畜)과 축사와 사료 등 그 어느 하나도 해결되지 않았다. 그래서 경찰전문학교나 가볼까 하여 어머님에게 여쭈었더니 밥을 굶고, 네가 초부(樵夫)가 되어 지게목발을 치며 농사를 지을망정 경찰과 세무직원만은 안된다는 것이었다. 그 이유는 여순반란 때 경찰과 세무서원의 희생이 커서였을 것이다.

고등학교를 졸업한 후 가정교사를 하던 집에 눌러 있으면서 병아리를 좀 사다가 양계를 하기 시작했다. 그 해 가을에는 성계가 되어 이제 땅을 빌려 본격적인 양계업을 해야겠다고 계획하고 있던 어느 날 어머님이 오셔서 대학입학금을 마련하였으니 서울로 가서 내년 봄에는 대학에 진학하라는 것이었다. 나는 대학 진학을 포기한 지 오래여서 인문과목에 대한 공부를 하지 않았으므로 입시에 자신도 없었을 뿐만 아니라 입학금은 마련되었지만 하숙비, 4년간의 등록금 등이 참으로 막연하여,
"어머님, 제 형편에 어떻게 대학을 갑니까? 돈이나 벌어서 어머님을 편안하게 모시겠습니다. 4년간 등록금도 그렇고 객지에 있을 곳도 없고……"
하였더니 어머님은 노기띤 음성으로,
"사내 놈이 왜 그렇게 대범하지 못하느냐. 너의 아버님은 돈 한푼 없이 말도 통하지 않는 일본에 건너가 그 나름대로 기반을 잡지 않았느냐? 아직 꿈에 가득 차야 할 젊은 놈이 현실에 만족하고 안일한 생각만 하고 살아가겠다면 너는 내 자식이 아니다. 말을 낳으면 제주도로 보내고 사람을 낳으면 서울로 보내라고 예부터 하지 않았느냐? 잠잘 곳은 정거장 대합실이면 되고 먹을 것은 산 입에 거미줄 치겠느냐? 용기를 내어서 한번 해봐라. 가겠다고 마음이 정해지면 오고, 그렇지 않거든 영원히 남이다. 그리 알아라"
는 말을 남기시곤 고향으로 돌아가셨다.

나는 이듬해 봄 서울에 올라와서 9년 만에 대학을 마쳤다. 참으로 잘 곳이 없으면 서울역 삼등대합실을 찾았다. 그리고 삼각지 파출소의 숙직실 신세도 졌다. 여름이면 파고다공원의 팔각

정과 벤치, 아는 친구들의 하숙집과 자취방을 전전하며 기식(寄食)도 하고, 남대문 시장 안의 꿀꿀이죽, 지금 삼일로 육교 및 공지에 있었던 포장마차 행렬의 수제비국수를 먹고, 어느 때는 굶는 고역 속에서도 어머님의 말씀을 반추하며 용기를 살리곤 하였다.

한두 달마다 어머님으로부터 얼마의 돈이 올라오면 그것으로는 전차표값과 책대금 그리고 최소한의 식대로 충당하는 것이다. 이 돈이 오기까지에는 몇 번에 걸쳐 곧 죽어가는 딱한 사연의 편지를 어머님에게 보내는 것이다. 답장은 내가 보낸 편지의 뒷면에 '늦어서 미안하다'는 내용의 글월과 돈액수가 명기된 보통위체환을 역시 내가 보낸 편지 봉투를 뒤집어 만든 봉투에 동봉하여 등기로 보내셨다.

대학을 졸업하고 12대가 살아온 고향의 군수나 면장이라도 되어 금의환향하기를 얼마나 바라시던 어머니냐! 그러나 나는 불혹(不惑)이 다 되도록 돌산 면장은 커녕 동장 하나 되어보지 못하고 3, 4년 전부터는 〈다리〉지 필화사건으로 형무소다, 재판이다. 얼마나 어머님의 가슴을 아프게 하였으며 어느 때는 미끈한 양반들이 찾아와서 아들이 어디 있는지 행방을 가르쳐달라고 조르고 집에 오면 곧 연락을 하라는 말을 남기고 갔을 때의 어머님 심정은 오죽하였으랴……

그래도 우리 어머님은 내 아들은 죄지은 일이 없는데 세상을 잘못 만나서 그렇다고 몇 번이고 노여워하시며, 이웃 어른 한 분이,

"세상 되어가는 대로 살지, 집의 아들이 무엇을 잘못한 일이 있는 것 아니오?"

하셨다가 그분하고는 그 후 상종도 안하시더라는 것이다.

그 어느 땐가 어머님은,

"네가 좀 잘되기 위해서 친한 사람들을 실망시켜서는 안 된다. 가난하고 고될망정 네가 옳다고 생각하는 바른길을 걸어가라. 혹시 처자식 때문에 하는 일에 방해가 되거든 고향으로 내려보내면 밥이면 밥, 죽이면 죽 같이 먹고, 또 아이들 교육이야 못 시키겠느냐"

고 하시던 어머님이시다.

몇 년 전부터 어머님을 서울로 모시려고 내가 간곡히 청하고 손자들이 재롱을 부리며 할머니의 상경을 졸라대고 하여도 어머님은,

"아직 활동할 나이니 내가 활동 능력이 없으면 너희들이 오지 마라 하여도 내가 올라갈 것이다. 너는 네가 계획한 일이나 열심히 하여라. 사람이란 자기가 설정한 목표를 꼭 성취한다고는 할 수 없다. 어느 정도 성취하려고 노력하였느냐가 문제가 아니겠느냐……"

고 말씀하시며 고향을 떠나시지 않겠다는 것이었다.

지난해 어머님 회갑도 자식된 도리로, 아직 동장 한 번 해본 일은 없지만 친지와 친구를 동원해서라도 서울에서 한번 떠들썩하게 하여 '어머님 자식이 그래도 이렇소' 하고 허장성세를 부려보려고 하였더니 어머님께서,

"회갑연을 하는 것은 반대다. 굳이 하겠다면 고향 집에서 가까운 친지 어른이나 모셔서 하라"

고 하시기에 그 바보스러운 허장성세 한번 해보지 못하고 말았다. 그날 수십 장의 축전이 날아오고 서울에서 여러분이 내려오

효

1977년	10월	15일	초판	1쇄	발행
1984년	12월	30일	2판	1쇄	발행
1994년	6월	30일	3판	1쇄	발행
2001년	6월	15일	4판	1쇄	발행
2004년	4월	25일	4판	2쇄	발행

지은이 피 천 득(외)
펴낸이 윤 형 두
펴낸데 범 우 사

등 록 1966. 8. 3. 제 406-2003-048호
413-832 경기도 파주시 교하읍 문발리 535-10
대 표 031-955-6900 / FAX 031-955-6905

✽ 파본은 교환해 드립니다.   교정 · 편집/김길빈 · 조한욱
ISBN 89-08-03241-X 04810   (홈페이지)http://www.bumwoosa.co.kr
ISBN 89-08-03202-9 (세트)   (E-mail) : bumwoosa@chol.com

온고지신(溫故知新)으로 21세기를!

범우고전선

시대를 초월해 인간성 구현의 모범으로 삼을 만한 책을 엄선

1	유토피아 토마스 모어/황문수	29	국부론(상) A. 스미스/최호진·정해동
2	오이디푸스王 소포클레스/황문수	30	국부론(하) A. 스미스/최호진·정해동
3	명상록·행복론 M.아우렐리우스·L.세네카/황문수·최현	31	펠로폰네소스 전쟁사(상) 투키디데스/박광순
4	깡디드 볼떼르/염기용	32	펠로폰네소스 전쟁사(하) 투키디데스/박광순
5	군주론·전술론(외) 마키아벨리/이상두	33	孟子 차주환 옮김
6	사회계약론(외) J. 루소/이태일·최현	34	아방강역고 정약용/이민수
7	죽음에 이르는 병 키에르케고르/박환덕	35	서구의 몰락 ① 슈펭글러/박광순
8	천로역정 존 버니언/이현주	36	서구의 몰락 ② 슈펭글러/박광순
9	소크라테스 회상 크세노폰/최혁순	37	서구의 몰락 ③ 슈펭글러/박광순
10	길가메시 서사시 N. K. 샌다즈/이현주	38	명심보감 장기근
11	독일 국민에게 고함 J. G. 피히테/황문수	39	월든 H. D. 소로/양병석
12	히페리온 F. 횔덜린/홍경호	40	한서열전 반고/홍대표
13	수타니파타 김운학 옮김	41	참다운 사랑의 기술과 허튼 사랑의 질책 안드레아스/김영락
14	쇼펜하우어 인생론 A. 쇼펜하우어/최현	42	종합 탈무드 마빈 토케이어(외)/전풍자
15	톨스토이 참회록 L. N. 톨스토이/박형규	43	백운화상어록 백운화상/석찬선사
16	존 스튜어트 밀 자서전 J. S. 밀/배영원	44	조선복식고 이여성
17	비극의 탄생 F. W. 니체/곽복록	45	불조직지심체요절 백운선사/박문열
18-1	에 밀(상) J. J. 루소/정봉구	46	마가렛 미드 자서전 M.미드/최혁순·최인욱
18-2	에 밀(하) J. J. 루소/정봉구	47	조선사회경제사 백남운/박광순
19	팡 세 B. 파스칼/최현·이정림	48	고전을 보고 세상을 읽는다 모리야 히로시/김승일
20-1	헤로도토스 歷史(상) 헤로도토스/박광순	49	한국통사 박은식/김승일
20-2	헤로도토스 歷史(하) 헤로도토스/박광순	50	콜럼버스 항해록 라스 카사스 신부 엮음/박광순
21	성 아우구스티누스 고백록 A. 아우구스티누/김광욱	51	삼민주의 쑨원/김승일(외) 옮김
22	예술이란 무엇인가 L. N. 톨스토이/이철	52-1	나의 생애(상) L. 트로츠키/박광순
23	나의 투쟁 A. 히틀러/서석연	52-1	나의 생애(하) L. 트로츠키/박광순
24	論語 황병국 옮김	53	북한산 역사지리 김윤우
25	그리스·로마 희곡선 아리스토파네스(외)/최현	54-1	몽계필담(상) 심괄/최병규
26	갈리아 戰記 G. J. 카이사르/박광순	54-1	몽계필담(하) 심괄/최병규
27	善의 연구 니시다 기타로/서석연		
28	육도·삼략 하재철 옮김		▶ 계속 펴냅니다

범우사 서울시 마포구 구수동 21-1호 TEL 717-2121, FAX 717-0429
http://www.bumwoosa.co.kr (E-mail) bumwoosa@chollian.net

온고지신(溫故知新)으로 희망찬 21세기를!

현대사회를 보다 새로운 시각으로 종합진단하여
그 처방을 제시해주는

범우사상신서

1. 자유에서의 도피 E. 프롬/이상두
2. 젊은이여 오늘을 이야기하자 렉스프레스誌/방곤·최혁순
3. 소유냐 존재냐 E. 프롬/최혁순
4. 불확실성의 시대 J. 갈브레이드/박현채·전철환
5. 마르쿠제의 행복론 L. 마르쿠제/황문수
6. 너희도 神처럼 되리라 E. 프롬/최혁순
7. 의혹과 행동 E. 프롬/최혁순
8. 토인비와의 대화 A. 토인비/최혁순
9. 역사란 무엇인가 E. 카/김승일
10. 시지프의 신화 A. 카뮈/이정림
11. 프로이트 심리학 입문 C.S. 홀/안귀여루
12. 근대국가에 있어서의 자유 H. 라스키/이상두
13. 비극론·인간론(외) K. 야스퍼스/황문수
14. 엔트로피 J. 리프킨/최현
15. 러셀의 철학노트 B. 페인버그·카스릴스(편)/최혁순
16. 나는 믿는다 B. 러셀(외)/최혁순·박상규
17. 자유민주주의에 희망은 있는가 C. 맥퍼슨/이상두
18. 지식인의 양심 A. 토인비(외)/임헌영
19. 아웃사이더 C. 윌슨/이성규
20. 미학과 문화 H. 마르쿠제/최현·이근영
21. 한일합병사 야마베 겐타로/안병우
22. 이데올로기의 종언 D. 벨/이상두
23. 자기로부터의 혁명 ① J. 크리슈나무르티/권동수
24. 자기로부터의 혁명 ② J. 크리슈나무르티/권동수
25. 자기로부터의 혁명 ③ J. 크리슈나무르티/권동수
26. 잠에서 깨어나라 B. 라즈니시/길연
27. 역사학 입문 E. 베른하임/박광순
28. 법화경 이야기 박혜경
29. 융 심리학 입문 C.S. 홀(외)/최현
30. 우연과 필연 J. 모노/김진욱
31. 역사의 교훈 W. 듀란트(외)/천희상
32. 방관자의 시대 P. 드러커/이상두·최혁순
33. 건전한 사회 E. 프롬/김병익
34. 미래의 충격 A. 토플러/장을병
35. 작은 것이 아름답다 E. 슈마허/김진욱
36. 관심의 불꽃 J. 크리슈나무르티/강옥구
37. 종교는 필요한가 B. 러셀/이재황
38. 불복종에 관하여 E. 프롬/문국주
39. 인물로 본 한국민족주의 장을병
40. 수탈된 대지 E. 갈레아노/박광순
41. 대장정―작은 거인 등소평 H. 솔즈베리/정성호
42. 초월의 길 완성의 길 마하리시/이병기
43. 정신분석학 입문 S. 프로이트/서석연
44. 철학적 인간 종교적 인간 황필호
45. 권리를 위한 투쟁(외) R. 예링/심윤종·이주향
46. 창조와 용기 R. 메이/안병무
47. 꿈의 해석(상·하) S. 프로이트/서석연
48. 제3의 물결 A. 토플러/김진욱
49. 역사의 연구 ① D. 서머벨 엮음/박광순
50. 역사의 연구 ② D. 서머벨 엮음/박광순
51. 건건록 무쓰 무네미쓰/김승일
52. 가난이야기 가와카미 하지메/서석연
53. 새로운 세계사 마르크 페로/박광순
54. 근대 한국과 일본 나카스카 아키라/김승일
55. 일본 자본주의의 정신 야마모토 시치헤이/김승일·이근원

▶ 계속 펴냅니다

 범우사   서울시 마포구 구수동 21-1호. 전화 717-2121 FAX 717-0429
http://www.bumwoosa.co.kr (천리안·하이텔 ID) BUMWOOSA

작가별 작품론을 함께 실어 만든
범우비평판 세계문학선

❶ 토마스 불핀치
- 1-1 그리스·로마 신화 최혁순 값 10,000원
- 1-2 원탁의 기사 한영환 값 10,000원
- 1-3 샤를마뉴 황제의 전설 이성규 값 8,000원

❷ 도스토예프스키
- 2-1.2 죄와 벌 (상)(하) 이철(외대 교수) 각권 8,000원
- 2-3.4.5 카라마조프의 형제 (상)(중)(하)
  김학수(전 고려대 교수) 각권 9,000원
- 2-6.7.8 백치 (상)(중)(하) 박형규 각권 7,000원
- 2-9.10,11 악령 (상)(중)(하) 이철 각권 9,000원

❸ W. 셰익스피어
- 3-1 셰익스피어 4대 비극 이태주(단국대 교수) 값 10,000원
- 3-2 셰익스피어 4대 희극 이태주 값 10,000원
- 3-3 셰익스피어 4대 사극 이태주 값 10,000원
- 3-4 셰익스피어 명언집 이태주 값 10,000원

❹ 토마스 하디
- 4-1 테스 김회진(서울시립대 교수) 값 10,000원

❺ 호메로스
- 5-1 일리아스 유영(연세대 명예교수) 값 9,000원
- 5-2 오디세이아 유영 값 8,000원

❻ 밀턴
- 6-1 실낙원 이창배(동국대 교수) 값 9,000원

❼ L. 톨스토이
- 7-1.2 부활 (상)(하) 이철(외대 교수) 값 7,000원
- 7-3.4 안나 카레니나 (상)(하) 이철 각권 10,000원~12,000원
- 7-5.6.7.8 전쟁과 평화 1.2.3.4 박형규 각권 10,000원

❽ 토마스 만
- 8-1 마의 산 (상) 홍경호(한양대 교수) 값 9,000원
- 8-2 마의 산 (하) 홍경호 값 10,000원

❾ 제임스 조이스
- 9-1 더블린 사람들 김종건(고려대 교수) 값 10,000원
- 9-2.3.4.5 율리시즈 1.2.3.4 김종건 각권 10,000원
- 9-6 젊은 예술가의 초상 김종건 값 10,000원
- 9-7 피네간의 경야(抄)·詩·에피파니 김종건 값 10,000원

❿ 생 텍쥐페리
- 10-1 전시 조종사(외) 조규철 값 8,000원
- 10-2 젊은이의 편지(외) 조규철·이창림 값 7,000원
- 10-3 인생의 의미(외) 조규철(외대 교수) 값 7,000원
- 10-4.5 성채 (상)(하) 염기용 값 8,000원
- 10-6 야간비행(외) 전채린·신경자 값 8,000원

⓫ 단테
- 11-1.2 신곡 (상)(하) 최현 값 9,000원

⓬ J. W. 괴테
- 12-1.2 파우스트 (상)(하) 박환덕 값 7,000원

⓭ J. 오스틴
- 13-1 오만과 편견 오화섭(전 연세대 교수) 값 9,000원

⓮ V. 위고
- 14-1.2.3.4.5 레 미제라블 1.2.3.4.5 방곤 각권 8,000원

⓯ 임어당
- 15-1 생활의 발견 김병철 값 12,000원

⓰ 루이제 린저
- 16-1 생의 한가운데 강두식(전 서울대 교수) 값 7,000원

⓱ 게르만 서사시
- 17 니벨룽겐의 노래 허창운(서울대 교수) 값 13,000원

출판 35년이 일궈낸 세계문학의 보고

대학입시생에게 논리적 사고를 길러주고 대학생에게는 사회진출의 길을 열어주며,
일반 독자에게는 생활의 지혜를 듬뿍 심어주는 문학시리즈로서
범우비평판은 이제 독자여러분의 서가에서 오랜 친구로 늘 함께 할 것입니다. (全冊 새로운 편집·장정 / 크라운변형판)

⑱ E. 헤밍웨이
- 18-1 누구를 위하여 종은 울리나 김병철(중앙대 교수) 값 10,000원
- 18-2 무기여 잘 있거라(외) 김병철 값 12,000원

⑲ F. 카프카
- 19-1 성(城) 박환덕(서울대 교수) 값 10,000원
- 19-2 변신 박환덕 값 10,000원
- 19-3 심판 박환덕 값 8,000원
- 19-4 실종자 박환덕 값 9,000원

⑳ 에밀리 브론테
- 20-1 폭풍의 언덕 안동민 값 8,000원

㉑ 마가렛 미첼
- 21-1.2.3 바람과 함께 사라지다(상)(중)(하) 송관식·이병규 각권 10,000원

㉒ 스탕달
- 22-1 적과 흑 김붕구 값 10,000원

㉓ B. 파스테르나크
- 23-1 닥터 지바고 오재국(전 육사교수) 값 10,000원

㉔ 마크 트웨인
- 24-1 톰 소여의 모험 김병철 값 7,000원
- 24-2 허클베리 핀의 모험 김병철 값 9,000원
- 24-3.4 마크 트웨인 여행기(상)(하) 박미선

㉕ 조지 오웰
- 25-1 동물농장·1984년 김회진 값 10,000원

㉖ 존 스타인벡
- 26-1.2 분노의 포도(상)(하) 전형기 값 7,000원
- 26-3.4 에덴의 동쪽(상)(하) 이성호(한양대 교수) 각권 9,000~10,000원

㉗ 우나무노
- 27-1 안개 김현창(서울대 교수) 값 6,000원

㉘ C. 브론테
- 28-1.2 제인 에어(상)(하) 배영원 값 8,000원

㉙ 헤르만 헤세
- 29-1 知와 사랑·싯다르타 홍경호 값 9,000원
- 29-2 데미안·크눌프·로스할데 홍경호 값 9,000원
- 29-3 페터 카멘친트·게르트루트 박환덕(서울대 교수) 값 9,000원
- 29-4 유리알 유희 박환덕 값 12,000원

㉚ 알베르 카뮈
- 30-1 페스트·이방인 방 곤(경희대 교수) 값 9,000원

㉛ 올더스 헉슬리
- 31-1 멋진 신세계(외) 이성규·허정애 값 10,000원

㉜ 기 드 모파상
- 32-1 여자의 일생·단편선 이정림 값 9,000원

㉝ 투르게네프
- 33-1 아버지와 아들 이정림 값 9,000원
- 33-2 처녀지·루딘 김학수 값 10,000원

㉞ 이미륵
- 34-1 압록강은 흐른다(외) 정규화(성신여대 교수) 값 10,000원

㉟ T. 드라이저
- 35-1 시스터 캐리 전형기(한양대 교수) 값 12,000원
- 35-2.3 미국의 비극(상)(하) 김병철 값 9,000원

㊱ 세르반떼스
- 36-1 돈 끼호떼 김현창(서울대 교수) 값 12,000원
- 36-2 (속)돈 끼호떼 김현창(서울대 교수) 값 13,000원

㊲ 나쓰메 소세키
- 37-1 마음·그 후 서석연 값 12,000원

㊳ 플루타르코스
- 38-1~8 플루타르크 영웅전 1~8 김병철 각권 8,000원

㊴ 안네 프랑크
- 39-1 안네의 일기(외) 김남석·서석연(전 동국대 교수) 값 9,000원

㊵ 강용흘
- 40-1 초당 장문평(문학평론가) 값 9,000원
- 40-2 동양선비 서양에 가시다 유영(연세대 교수) 값 10,000원

㊶ 나관중
- 41-1~5 원본 三國志 1~5 황병국(중국문학가) 값 10,000원

㊷ 귄터 그라스
- 42-1 양철북 박환덕(서울대 교수) 값 10,000원

㊸ 아쿠타가와 류노스케
- 43-1 아쿠타가와 작품선 진웅기·김진욱(번역문학가) 값 8,000원

㊹ F. 모리악
- 44-1 떼레즈 데께루·밤의 종말(외) 전채린(충북대 교수) 값 8,000원

㊺ 에리히 M. 레마르크
- 45-1 개선문 홍경호(한양대 교수·문학박사) 값 12,000원
- 45-2 그늘진 낙원 홍경호·박상배(한양대 교수) 값 8,000원
- 45-3 서부전선 이상없다(외) 박환덕(서울대 교수) 값 12,000원

㊻ 앙드레 말로
- 46-1 희망 이가영(국민대 대우교수) 값 9,000원

㊼ A. J. 크로닌
- 47-1 성채 공문혜(번역문학가) 값 9,000원

㊽ 하인리히 뵐
- 48-1 아담 너는 어디 있었느냐(외) 홍경호(한양대 교수) 값 8,000원

㊾ 시몬느 드 보봐르
- 49-1 타인의 피 전채린(충북대 교수) 값 8,000원

㊿ 보카치오
- 50-1,2 데카메론(상)(하) 한형곤(외국어대 교수) 각권 11,000원

범우사
서울시 마포구 구수동 21-1호
TEL 717-2121, FAX 717-0429
http://www.bumwoosa.co.kr
(천리안·하이텔 ID) BUMWOOSA

주머니 속에 친구를!

범 우 문 고

1 수필 피천득
2 무소유 법정
3 바다의 침묵(외) 베르코르/조규철·이정림
4 살며 생각하며 미우라 아야코/진웅기
5 오, 고독이여 F. 니체/최혁순
6 어린 왕자 A. 생 텍쥐페리/이정림
7 톨스토이 인생론 L. 톨스토이/박형규
8 이 조용한 시간에 김우종
9 시지프의 신화 A. 카뮈/이정림
10 목마른 계절 전혜린
11 젊은이여 인생을… A. 모르아/방곤
12 채근담 홍자성/최현
13 무진기행 김승옥
14 공자의 생애 최현 엮음
15 고독한 당신을 위하여 L. 린저/곽복록
16 김소월 시집 김소월
17 장자 장자/허세욱
18 예언자 K. 지브란/유제하
19 윤동주 시집 윤동주
20 명정 40년 변영로
21 산사에 심은 뜻은 이청담
22 날개 이상
23 메밀꽃 필 무렵 이효석
24 애정은 기도처럼 이영도
25 이브의 천형 김남조
26 탈무드 M. 토케이어/정진태
27 노자도덕경 노자/황병국
28 갈매기의 꿈 R. 바크/김진욱
29 우정론 A. 보나르/이정림
30 명상록 M. 아우렐리우스/황문수
31 젊은 여성을 위한 인생론 P. 벅/김진욱
32 B사감과 러브레터 현진건
33 조병화 시집 조병화
34 느티의 일월 모윤숙
35 지금은 어디서 무엇을 김형석
36 박인환 시집 박인환
37 모래톱 이야기 김정한
38 창문 김태길
39 방랑 H. 헤세/홍경호
40 손자병법 손무/황병국
41 소설 · 알렉산드리아 이병주
42 전락 A. 카뮈/이정림

43 사노라면 잊을 날이 윤형두
44 김삿갓 시집 김병연/황병국
45 소크라테스의 변명(외) 플라톤/최현
46 서정주 시집 서정주
47 사람은 무엇으로 사는가 L. 톨스토이/김진욱
48 불가능은 없다 R. 슐러/박호순
49 바다의 선물 A. 린드버그/신상웅
50 잠 못 이루는 밤을 위하여 C. 힐티/홍경호
51 딸깍발이 이희승
52 몽테뉴 수상록 M. 몽테뉴/손석린
53 박재삼 시집 박재삼
54 노인과 바다 E. 헤밍웨이/김회진
55 향연 · 뤼시스 플라톤/최현
56 젊은 시인에게 보내는 편지 R. 릴케/홍경호
57 피천득 시집 피천득
58 아버지의 뒷모습(외) 주자청(외)/허세욱(외)
59 현대의 신 N. 쿠치키(편)/진철승
60 별 · 마지막 수업 A. 도데/정봉구
61 인생의 선용 J. 러보크/한영환
62 브람스를 좋아하세요… F. 사강/이정림
63 이동주 시집 이동주
64 고독한 산보자의 꿈 J. 루소/염기용
65 파이돈 플라톤/최현
66 백장미의 수기 I. 숄/홍경호
67 소년 시절 H. 헤세/홍경호
68 어떤 사람이기에 김동길
69 가난한 밤의 산책 C. 힐티/송영택
70 근원수필 김용준
71 이방인 A. 카뮈/이정림
72 롱펠로 시집 H. 롱펠로/윤삼하
73 명사십리 한용운
74 왼손잡이 여인 P. 한트케/홍경호
75 시민의 반항 H. 소로/황문수
76 민중조선사 전석담
77 동문서답 조지훈
78 프로타고라스 플라톤/최현
79 표본실의 청개구리 염상섭
80 문주반생기 양주동
81 신조선혁명론 박열/서석연
82 조선과 예술 야나기 무네요시/박재삼
83 중국혁명론 모택동(외)/박광종 엮음
84 탈출기 최서해

문고판/각권 값 2,000원 ▶ 계속 펴냅니다

온 고 지 신 (溫 故 知 新)으로 21세기를!

85 바보네 가게 박연구
86 도왜실기 김구/엄항섭 엮음
87 슬픔이여 안녕 F. 사강/이정림·방곤
88 공산당 선언 K. 마르크스·F. 엥겔스/서석연
89 조선문학사 이명선
90 권태 이상
91 갈망의 노래 한승헌
92 노동자강령 F. 라살레/서석연
93 장씨 일가 유주현
94 백설부 김진섭
95 에코스파즘 A. 토플러/김진욱
96 가난한 농민에게 바란다 N. 레닌/이정일
97 고리키 단편선 M. 고리키/김영국
98 러시아의 조선침략사 송정환
99 기재기이 신광한/박헌순
100 홍경래전 이명선
101 인간만사 새옹지마 리영희
102 청춘을 불사르고 김일엽
103 모범경작생(외) 박영준
104 방망이 깎던 노인 윤오영
105 찰스 램 수필선 C. 램/양병석
106 구도자 고은
107 표해록 장한철/정병욱
108 월광곡 홍난파
109 무서록 이태준
110 나생문(외) 아쿠타가와 류노스케/진웅기
111 해변의 시 김동석
112 발자크와 스탕달의 예술논쟁 김진욱
113 파한집 이인로/이상보
114 역사소품 곽말약/김승일
115 체스·아내의 불안 S. 츠바이크/오영옥
116 복덕방 이태준
117 실천론(외) 모택동/김승일
118 순오지 홍만종/전규태
119 직업으로서의 학문·정치 M. 베버/김진욱(외)
120 요재지이 포송령/진기환
121 한설야 단편선 한설야
122 쇼펜하우어 수상록 쇼펜하우어/최혁순
123 유태인의 성공법 M. 토케이어/진웅기
124 레디메이드 인생 채만식
125 인물 삼국지 모리야 히로시/김승일
126 한글 명심보감 장기근 옮김

127 조선문화사서설 모리스 쿠랑/김수경
128 역옹패설 이제현/이상보
129 문장강화 이태준
130 중용·대학 차주환
131 조선미술사연구 윤희순
132 옥중기 오스카 와일드/임헌영
133 유태인식 돈벌이 후지다 덴/지방훈
134 가난한 날의 행복 김소운
135 세계의 기적 박ump근
136 이퇴계의 활인심방 정숙
137 카네기 처세술 데일 카네기/전민식
138 요로원야화기 김승일
139 푸슈킨 산문 소설집 푸슈킨/김영국
140 삼국지의 지혜 황의백
141 슬견설 이규보/장덕순
142 보리 한흑구
143 에머슨 수상록 에머슨/윤삼하
144 이사도라 덩컨의 무용에세이 I. 덩컨/최혁순
145 북학의 박제가/김승일
146 두뇌혁명 T.R. 블랙슬리/최현
147 베이컨 수상록 베이컨/최혁순
148 동백꽃 김유정
149 하루 24시간 어떻게 살 것인가 A. 베넷/이은순
150 평민한문학사 허경진
151 정선아리랑 김병하·김연갑 공편
152 독서요법 황의백 엮음
153 나는 왜 기독교인이 아닌가 B. 러셀/이재황
154 조선사 연구(草) 신채호
155 중국의 신화 장기근
156 무병장생 건강법 배기성 엮음
157 조선위인전 신채호
158 전감록비결 편집부 엮음
159 유태인 상술 후지다 덴
160 동물농장 조지 오웰
161 신록 예찬 이양하
162 진도 아리랑 박병훈·김연갑
163 책이 좋아 책하고 사네 윤형두
164 속담에세이 박연구
165 중국의 신화(후편) 장기근
166 중국인의 에로스 장기근

 범우사

서울시 마포구 구수동 21-1호 TEL 717-2121, FAX 717-0429
http://www.bumwoosa.co.kr (천리안·하이텔 ID) BUMWOOSA

범우학술·평론·예술

독서의 기술 모티머 J./민병덕 옮김	아동문학교육론 B. 화이트헤드
한자 디자인 한편집센터 엮음	한국의 청동기문화 국립중앙박물관
한국 정치론 장을병	겸재정신 진경산수화 최완수
여론 선전론 이상철	한국 서지의 전개과정 안춘근
전환기의 한국정치 장을병	독일 현대작가와 문학이론 박환덕(외)
사뮤엘슨 경제학 해설 김유송	정도 600년 서울지도 허영환
현대 화학의 세계 일본화학회 엮음	신선사상과 도교 도광순(한국도교학회)
신저작권법 축조개설 허희성	언론학 원론 한국언론학회 편
방송저널리즘 신현웅	한국방송사 이범경
독서와 출판문화론 이정춘·이종국 편저	카프카문학연구 박환덕
잡지출판론 안춘근	한국민족운동사 김창수
인쇄커뮤니케이션 입문 오경호 편저	비교텔레콤論 질힐/금동호 옮김
출판물 유통론 윤형두	북한산 역사지리 김윤우
통합적 마케팅 커뮤니케이션 김광수(외) 옮김	한국회화소사 이동주
'83~'97출판학 연구 한국출판학회	출판학원론 범우사 편집부
자아커뮤니케이션 최창섭	한국과거제도사 연구 조좌호
현대신문방송보도론 팽원순	독문학과 현대성 정규화교수간행위원회편
국제출판개발론 미노와/안춘근 옮김	겸제진경산수 최완수
민족문학의 모색 윤병로	한국미술사대요 김용준
변혁운동과 문학 임헌영	한국목활자본 천혜봉
조선사회경제사 백남운	한국금속활자본 천혜봉
한국정치의 이해 장을병	한국기독교 청년운동사 전택부
조선경제사 탐구 전석담(외)	한시로 엮은 한국사 기행 심경호
한국전적인쇄사 천혜봉	출판물 판매기술 윤형두
한국서지학원론 안춘근	우루과이라운드와 한국의 미래 허신행
현대매스커뮤니케이션의 제문제 이강수	기사 취재에서 작성까지 김숙현
한국상고사연구 김정학	세계의 문자 세계문자연구회/김승일 옮김
중국현대문학발전사 황수기	불조직지심체요절 백운선사/박문열 옮김
광복전후사의 재인식 I, II 이현희	임시정부와 이시영 이은우
한국의 고지도 이 찬	매스미디어와 여성 김선남
하나되는 한국사 고준환	눈으로 보는 책의 역사 안춘근·윤형두 편저
조선후기의 활자와 책 윤병태	현대노어학 개론 조남신
신한국사의 탐구 김용덕	교양 언론학 강좌 최창섭(외)
독립운동사의 제문제 윤병석(외)	통합 데이타베이스 마케팅 시스템 김정수
한국현실 한국사회학 한완상	문화간 커뮤니케이션의 이해 최윤희·김숙현

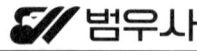 범우사 서울시 마포구 구수동 21-1
전화 717-2121 FAX 717-0429

서울대 선정도서인 나관중의 '원본 삼국지'

범우비평판세계문학 41-❶❷❸❹❺
나관중 / 중국문학가 황병국 옮김

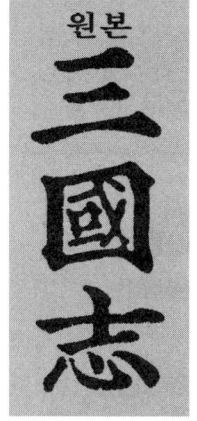

2000년 新개정판

원작의 순수함을 그대로 간직한 삼국지!

원작의 광대함과 박진감을 그대로 담고 있어 독자로 하여금 읽는 즐거움을 느끼게 합니다.
이 책은 편역하거나 윤문한 삼국지가 아니라 중국 삼민서국과 문원서국판을
대본으로 하여 원전에 가장 충실하게 옮긴 '원본 삼국지' 입니다.
한시(漢詩) 원문, 주요 전도(戰圖), 출사표(出師表) 등
각종 부록을 대거 수록한 신개정판.

·작품 해설: 장기근(서울대 명예교수, 한문학 박사) ·전5권/각 500쪽 내외 · 크라운변형판/각권 값 10,000원

중·고등학생이 읽는 〈삼국지〉
1985년 중·고등학생 독서권장도서(서울시립남산도서관 선정)
최현 옮김/사르비아문고 90·91·92/각권 3,000원

국민학생이 보면서 읽는 〈소년 삼국지〉
나관중/곽하신 엮음/피닉스문고 8·9/각권 3,000원

 **범우사**   서울시 마포구 구수동 21-1호 전화 717-2121, FAX 717-0429
http://www.bumwoosa.co.kr (천리안·하이텔 ID) BUMWOOSA

책 속에 영웅의 길이 있다…!!

프랑스의 루소가 되풀이하여 읽고, 나폴레옹과 베토벤, 괴테가 평생 곁에 두고 애독한 그리스·로마의 영웅열전(英雄列傳)! 영웅들의 성격과 인물 됨됨이를 사실적으로 묘사한 영웅 보감!

플루타르크 영웅전

범우비평판세계문학 38-1

플루타르코스 / 김병철 옮김
* 새로운 편집 장정 / 전8권
크라운 변형판 / 각권 8,000원

국내 최초 완역, 99년 개정판 출간!

❝지금 전세계의 도서관에 불이 났다면 나는 우선 그 불속에 뛰어들어가 '셰익스피어 전집'과 '플루타르크 영웅전'을 건지는데 내 몸을 바치겠다.❞
— 美 사상가·시인 에머슨의 말 —

〈플루타르크 영웅전〉은 세계의 선각자들에게 극찬과 사랑을 받아온 명저입니다.

 범우사   서울시 마포구 구수동 21-1 전화 717-2121 FAX 717-0429
인터넷 주소 http://www.bumwoosa.co.kr